Die platonischen Körper in den Chakren

ihre Nutzung in der Meditation, der Heilung und der Magie

Kontakt: www.HarryEilenstein.de
Harry.Eilenstein@web.de
Harry Eilenstein bei youtube

Impressum: Copyright: 2011 by Harry Eilenstein – Alle Rechte, insbesondere auch das der Übersetzung, vorbehalten. Kein Teil des Buches darf ohne schriftliche Genehmigung des Autors und des Verlages (nicht als Fotokopie, Mikrofilm, auf elektronischen Datenträgern oder im Internet) reproduziert, übersetzt, gespeichert oder verbreitet werden.

Herstellung und Verlag: BoD - Books on Demand, Norderstedt

ISBN: 9783752642827

Inhaltsverzeichnis

I Die platonischen Körper

Ein platonischer Körper ist auf eine einfache Weise definiert: Alle seine Seitenflächen haben dieselbe Form und sie bilden insgesamt die geschlossene Oberfläche eines Körpers. Die Flächen, aus denen sich diese Oberfläche zusammensetzt, sind stets regelmäßige Vielecke: gleichseitiges Dreieck, Quadrat (Viereck) und Pentagon (Fünfeck).

Es gibt lediglich fünf verschiedene platonische Körper:

- Tetraeder: 4 Dreiecke
- Oktaeder: 8 Dreiecke
- Ikosaeder: 20 Dreiecke
- Würfel: 6 Vierecke
- Dodekaeder: 12 Fünfecke

Verschiedene griechische Philosophen in der Antike wie Plato (nach dem die fünf Körper benannt worden sind) haben versucht, alle Stoffe in der Natur auf diese fünf Körper als deren kleinste Einheit zurückzuführen. Die platonischen Körper waren also eine frühe Form des Atom-Modells.

Spätestens ab dieser Zeit, also um 400 v.Chr., waren alle fünf platonischen Körper bekannt – der Oktaeder und der Ikosaeder scheinen als letzte entdeckt worden zu sein.

Diese fünf Körper wurden auch den vier Elementen und der Quintessenz zugeordnet:

- Würfel: Erde
- Ikosaeder: Wasser
- Oktaeder: Luft
- Tetraeder: Feuer
- Dodekaeder: Licht (Quintessenz)

Die damalige (und heutige) Argumentation für diese Zuordnung sah im Wesentlichen wie folgt aus:

- Aus Würfeln entstehen feste Formen – folglich ist er das Grundelement der Erde.

- Der Tetraeder hat die schärfsten Spitzen, die den Schmerz der Hitze des Feuers verursachen.

- Der Ikosaeder ist eine gute Annäherung an eine Kugel, weshalb Wasser „fortrollt", d.h. fortfließt.

- Der Oktaeder ist so klein, daß er kaum zu fassen ist, sodaß er die ungreifbare Luft sein muß (eine etwas schwache Argumentation …).

- Somit blieb noch der Dodekaeder übrig, der eher lose dem Licht oder dem „Äther", also der Lebenskraft zugeordnet worden ist. Immerhin besteht er als Zuordnung zur „Quintessenz", was „fünftes Element" bedeutet, aus Pentagonen, also aus Fünfecken – was aber auch keine besonders schlüssige Argumentation ist …

Diese Zuordnung bleib lange bestehen und noch Johannes Kepler hat um 1600 zunächst versucht, die Planetenbahnen mit Hilfe der platonischen Körper zu erklären. Dies war einer der ersten Versuche, die Planetenbewegungen auf einfache Grundprinzipien zurückzuführen.

In seinem Buch „Harmonices mundi" („Harmonien der Welt") hat Kepler noch die klassische Zuordnung der platonischen Körper zu den vier Elementen und der Quintessenz illustriert.

In Indien gibt es im Yoga fünf alte Symbole („Tattwas") für die vier Elemente, die teilweise den platonischen Körpern ähnlich sehen.

Zuordnung der Elemente zu den platonischen Körpern

Klassik / Kepler	Indien / Yoga
 Licht, Quintessenz	 *Akasha = Quintessenz* *schwarzes Ei = Ursprung*
 Feuer	 *Teja = Feuer* *rotes Dreieck*
 Luft	 *Vayu = Luft* *Blauer Kreis = Himmel* *(keine Ähnlichkeit mit Oktaeder)*
 Wasser (Annäherung an eine Kugel)	 *Apas = Wasser* *graue Mondsichel (runde Form)*
 Erde	 *Prithivi = Erde* *gelbes Quadrat*

Die drei deutlichen Übereinstimmungen zwischen platonischem Körper und Tattwa-Symbol kann man aus den Eigenschaften ableiten, die man den vier Elementen und der Quintessenz zugeschrieben hat:

- Die feste Erde ist quadratisch (Würfel).

- Das Feuer strebt nach oben (Dreieck).

- Das Wasser „rollt" einem aus der Hand (Kugel, Mondsichel) – wobei die Tattwa-Mondsichel vermutlich aus der Assoziation des Mondes mit dem Wasser (er verursacht die Gezeiten des Meeres) entstanden ist und nicht aus seiner Auffassung als Teil eines Kreises.

Die beiden anderen Paare von platonischem Körper und Tattwa (Quintessenz und Luft) weisen kaum eine Ähnlichkeit miteinander auf auf.

Schließlich gibt es noch die Element-Symbole aus der Alchemie, die man ebenfalls mit den platonischen Körpern und den Tattwas vergleichen kann.

Die vier Elemente waren u.a. durch die Gegensatz-Paare „heiß und kalt" sowie „trocken und feucht" definiert, die allerdings nicht so ganz überzeugend ist. Nach dieser Zuordnung ist

- Feuer heiß und trocken (was zutrifft),
- Luft heiß und feucht (was nur manchmal zutrifft)
- Wasser kalt und feucht (was meistens zutrifft) und
- Erde kalt und trocken (was nur manchmal zutrifft).

Die Qualitäten der vier Elemente		
	heiß	*kalt*
trocken	Feuer	Erde
feucht	Luft	Wasser

Die Elemente-Symbole der Alchemisten bestehen aus einem Dreieck und einem Querstrich:

- Die beiden aufrechten Dreiecke finden sich bei den aktiven, „heißen" Elementen; die beiden nach unten weisenden Dreiecke bei den passiven, „kalten" Elementen.

9

- Die Querstriche finden sich jedoch nicht bei den beiden „trockenen" bzw. bei den beiden „feuchten" Elementen, wie man es eigentlich erwarten sollte. Stattdessen finden sie sich bei Luft und Erde.

Man könnte Feuer und Wasser daher als den „primären Gegensatz" auffassen und Luft und Erde als den sekundären Gegensatz.

In ähnlicher Weise gibt es im I Ging den Ur-Gegensatz von Yang/Feuer/Diesseits und Yin/Wasser/Jenseits. Aus ihnen entsteht dann die Vierheit „Feuer, Wasser, Erde, Himmel", die zumindestens in etwa den vier Elementen entspricht.

platonische Körper, alchemistische Symbole und Tattwas		
platonische Körper	*alchemistische Symbole*	*Tattwas*
Licht, Quintessenz	*Verbindung der vier Elemente (vier sich kreuzende Geraden); 8 Strahlen („8" = Vollkommenheit)*	*Akasha = Quintessenz schwarzes Ei = Ursprung*
Feuer	*„heiß und trocken" Dreieck nach oben = heiß ohne Querstrich = primär*	*Teja = Feuer (rotes Dreieck)*
Luft	*„heiß und feucht" Dreieck nach oben = heiß mit Querstrich = sekundär*	*Vayu = Luft; blauer Kreis = Himmel (keine Ähnlichkeit mit Oktaeder)*
Wasser (Kugel-Annäherung)	*„kalt und feucht" Dreieck nach unten = kalt ohne Querstrich = primär*	*Apas = Wasser graue Mondsichel (runde Form)*
Erde	*„kalt und trocken" Dreieck nach unten = kalt mit Querstrich = sekundär*	*Prithivi = Erde gelbes Quadrat*

Zunächst einmal sind dies natürlich alles nur Symbole. Es stellt sich also die Frage, ob es tiefergehende Zusammenhänge zwischen den fünf platonischen Körpern und den vier Elementen und der Quintessenz gibt oder ob sich aus der Form der platonischen Körper selber bestimmte Eigenschaften ableiten lassen.

Um dies erkennen zu können, ist als erstes eine genauere Betrachtung der geometrischen Eigenschaften der platonischen Körper notwendig.

Wie bei allen Forschungen weiß man anfangs nicht, wohin diese Reise ins Unbekannte führen wird …

II   Die Systematik der platonischen Körper

Zunächst einmal sehen die fünf platonischen Körper wie eine recht willkürliche Ansammlung von geometrischen Körpern aus. Bei genauerer Betrachtung findet sich bei ihnen jedoch eine erstaunliche Symmetrie.

II 1.   Eine genauere Defintion der platonischen Körper

Jeder platonische Körper läßt sich durch zwei Zahlen definieren:

     1. durch die Anzahl der Ecken seiner regelmäßigen Flächen und
     2. durch die Anzahl der Kanten bzw. Flächen, die sich an einem Eckpunkt treffen.

Eigenschaften der platonischen Körper				
		Ecken der Flächen		
		3	*4*	*5*
Anzahl der Flächen, die sich an einer Ecke treffen	3	Tetraeder	Würfel	Dodekaeder
	4	Oktaeder		
	5	Ikosaeder		

13

Hier zeigt sich, daß die platonischen Körper durch die Zahlen „3", „4" und „5" geprägt sind. Weiterhin zeigt sich, daß sie in diesem Diagramm regelmäßig angeordnet sind.

Es gibt zudem nur die drei Kombinationen „3/3", „3/4" und „3/5". Offenbar ist die „3" ein unverzichtbares Element bei einem platonischen Körper. Zunächst einmal ist jedoch noch nicht klar, ob das eine tiefere Bedeutung hat.

II 2. Die Anzahl der Seitenflächen

Die platonischen Körper haben alle eine unterschiedliche Anzahl von Seiten, die in der folgenden Tabelle unter ihren Namen angefügt ist.

Anzahl der Seitenflächen der platonischen Körper			
		Ecken der Flächen	
		3	*4*	*5*
Anzahl der Flächen, die sich an einer Ecke treffen	3	Tetraeder -4-	Würfel -6-	Dodekaeder -12-
	4	Oktaeder -8-		
	5	Ikosaeder -20-		

Zunächst einmal zeigt sich, daß alle Seiten-Anzahlen gerade Zahlen sind. Man kann nun schauen, ob man in diesen Seiten-Anzahlen eine Regelmäßigkeit findet. Dafür wäre es naheliegend, vom Tetraeder aus waagerecht und senkrecht nach außen zu den größeren platonischen Körpern zu gehen.

4 Seiten (Tetraeder) $\cdot$ 1,5 = 6 Seiten (Würfel)
6 Seiten (Würfel) $\cdot$ 2 = 12 Seiten (Dodekaeder)

4 Seiten (Tetraeder) $\cdot$ 2 = 8 Seiten (Oktaeder)
8 Seiten (Oktaeder) $\cdot$ 2,5 = 20 Seiten (Ikosaeder)

Wenn man diese drei Faktoren, also „1,5", „2" und „2,5" mit „2" multiplizert, erhält man interessanterweise wieder die drei Zahlen „3", „4" und „5". Das sieht nicht nach einem Zufall aus. Diese drei Zahlen scheinen wesentliche Eigenschaften der platonischen Körper zu sein.

15

II 3. Die Anzahl der Kanten

Die platonischen Körper haben auch eine unterschiedliche Anzahl von Kanten, die in der folgenden Tabelle wieder unter ihren Namen angefügt ist.

Anzahl der Kanten der platonischen Körper				
		Ecken der Flächen		
		3	4	5
Anzahl der Flächen, die sich an einer Ecke treffen	3	Tetraeder -6-	Würfel -12-	Dodekaeder -30-
	4	Oktaeder -12-		
	5	Ikosaeder -30-		

Man kann auch hier wieder schauen, welche Verhältnisse man zwischen den Kanten-Anzahlen findet:

6 Kanten (Tetraeder) · 2 = 12 Kanten (Würfel)
12 Kanten (Würfel) · 2,5 = 30 Kanten (Dodekaeder)

6 Kanten (Tetraeder) · 2 = 12 Kanten (Oktaeder)
12 Kanten (Oktaeder) · 2,5 = 30 Kanten (Ikosaeder)

Hier sind wieder die „2" und die „2,5" zu finden, aber die „1,5" fehlt. Wenn man die beiden Zahlen mit „2" multipliziert, erhält man „4" und „5". Das ist inzwischen keine große Überraschung mehr …

II 4.   Die Anzahl der Ecken

Die platonischen Körper haben auch eine unterschiedliche Anzahl von Ecken, die in der folgenden Tabelle unter ihren Namen angefügt ist.

Anzahl der Ecken der platonischen Körper				
		Ecken der Flächen		
		3	*4*	*5*
Anzahl der Flächen, die sich an einer Ecke treffen	3	Tetraeder -4-	Würfel -8-	Dodekaeder -20-
	4	Oktaeder -6-		
	5	Ikosaeder -12-		

Man kann auch hier wieder schauen, welche Verhältnisse man zwischen den Ecken-Anzahlen findet:

4 Ecken (Tetraeder)   · 2   = 8 Ecken (Würfel)
8 Ecken (Würfel)   · 2,5 = 20 Ecken (Dodekaeder)

4 Ecken (Tetraeder)   · 1,5 = 6 Ecken (Oktaeder)
6 Ecken (Oktaeder)   · 2   = 12 Ecken (Ikosaeder)

Wenn man diese Zahlen mit „2" multipliziert, erhält man wieder die drei Zahlen „3", „4" und „5". Offensichtlich sind diese drei Zahlen für die platonischen Körper von großer Bedeutung.

II 5. Der Zusammenhang zwischen den Zahlen

Was zeigt sich nun, wenn man alle Zahlen in der Geometrie der platonischen Körper miteinander vergleicht?

II 5. a) Drei Symmetrien

Um diese Symmetrien zu erkennen, ist eine etwas andere Darstellungsweise hilfreich.

Die Zahlen der platonischen Körper					
platonischer Körper	Ecken der Flächen	Flächen an einer Ecke	Anzahl der Flächen	Anzahl der Kanten	Anzahl der Ecken
Ikosaeder	3	5	20	30	12
Oktaeder	3	4	8	12	6
Tetraeder	3	3	4	6	4
Würfel	4	3	6	12	8
Dodekaeder	5	3	12	30	20

Es sind drei Symmetrieen zu sehen:

Die Anzahlen der Kanten sind „30 – 12 – 6 – 12 – 30", also symmetrisch.

Die Anzahlen der Flächen und die Anzahlen der Ecken sind genau gespiegelt: „20 – 8 – 4 – 6 – 12" und „20 – 8 – 4 – 6 – 12".

Die Anzahlen der Ecken der Flächen und der Flächen an den Ecken sind ebenfalls genau gespiegelt: „3 – 3 – 3 – 4 – 5" und „5 – 4 – 3 – 3 – 3".

II 5. b) Die Euler-Formel

Der Mathematiker Leonard Euler hat eine Formel für den Zusammenhang einiger dieser Größen gefunden, die auch für die meisten anderen geometrischen Körper gilt (aber z.B. nicht für für einen Ring). Diese Formel lautet:

„Flächen + Ecken – Kanten = 2"

Für die platonischen Körper wäre das:

Ikosaeder:	$20 + 12 - 30 = 2$
Oktaeder:	$8 + 6 - 12 = 2$
Tetraeder:	$4 + 4 - 6 = 2$
Würfel:	$6 + 8 - 12 = 2$
Dodekaeder:	$12 + 20 - 30 = 2$

II 5. c) Ecken der Flächen und Flächen an den Ecken

Aus der Multiplikation der Ecken der Flächen mit der Anzahl der Flächen an einer Ecke ergibt sich eine einfache Symmetrie: „15 – 12 – 9 – 12 – 15".

Die Zahlen dieser Symmetrie ergeben sich aus den drei Multiplikationen der „3·3" „3·4" und „3·5" – also nicht viel Neues:

Ikosaeder:	$3 \cdot 5 = 15$
Oktaeder:	$3 \cdot 4 = 12$
Tetraeder:	$3 \cdot 3 = 9$
Würfel:	$4 \cdot 3 = 12$
Dodekaeder:	$5 \cdot 3 = 15$

II 5. d) Kanten und Flächen an einer Ecke

Es gibt noch eine weitere Regelmäßigkeit: Die Anzahl der Kanten läßt sich stets ohne Rest durch die Anzahl der Flächen an einer Ecke teilen.

Ikosaeder: $30 : 5 = 6$
Oktaeder: $12 : 4 = 3$
Tetraeder: $6 : 3 = 2$
Würfel: $12 : 3 = 4$
Dodekaeder: $30 : 3 = 10$

II 5. e) Kanten und Anzahl der Ecken an den Flächen

Auch diese beiden Zahlen lassen sich ohne Rest teilen:

Ikosaeder: $30 : 3 = 10$
Oktaeder: $12 : 3 = 4$
Tetraeder: $6 : 3 = 2$
Würfel: $12 : 4 = 3$
Dodekaeder: $30 : 5 = 6$

Diese Zahlenfolge ist genau umgekehrt wie zuvor bei der Division der Anzahl der Kanten durch die Anzahl der Flächen an einer Ecke.

II 5. f)   Kanten und Flächen

Wenn man die Anzahl der Kanten durch die Anzahl der Flächen teilt, ergeben sich die folgenden Zahlen:

Ikosaeder:	30 : 20	= 1,5
Oktaeder:	12 : 8	= 1,5
Tetraeder:	6 : 4	= 1,5
Würfel:	12 : 6	= 2
Dodekaeder:	30 : 12	= 2,5

Diese drei Zahlen sind ja mittlerweile gut bekannt – wenn man sie mit „2" mutipliziert, erhält man „3", „4" und „5".

Bei den drei platonischen Körpern, deren Oberfläche aus Dreiecken besteht, ist der Quotient aus Kanten-Anzahl und Flächen-Anzahl immer „1,5".

Der Quotient ist stets halb so groß wie die Anzahl der Seiten einer Fläche.

II 5. g)   Kanten und Ecken

Da die Anzahlen der Kanten symmetrisch sind und die Anzahlen der Flächen spiegelsymmetrisch zu den Anzahlen der Ecken sind, erhält man bei der Division der Kanten-Anzahl durch die Ecken-Anzahl wieder dieselben Zahlen, nur in umgekehrter Reihenfolge.

Ikosaeder:	30 : 12	= 2,5
Oktaeder:	12 : 6	= 2
Tetraeder:	6 : 4	= 1,5
Würfel:	12 : 8	= 1,5
Dodekaeder:	30 : 20	= 1,5

Bei den drei platonischen Körpern, bei denen stets drei Flächen an einer Ecke zusammenstoßen, ist der Quotient aus Kanten-Anzahl und Ecken-Anzahl immer „1,5".

II 5. h)   Berechnung der Seiten-Anzahl

Die Formel für die Berechung der Anzahl der Seiten ist ein wenig kompliziert und wird daher hier nicht hergeleitet:

$$\frac{4 \cdot \textit{Anzahl der Flächen an einer Ecke}}{4 - (\textit{Anzahl der Flächen an einer Ecke} - 2) \cdot (\textit{Anzahl der Ecken einer Fläche} - 2)}$$

Ikosaeder:	$4 \cdot 5 : [4 - (5-2) \cdot (3-2)] = 20 : [4 - 3 \cdot 1] = 20:1 = 20$
Oktaeder:	$4 \cdot 4 : [4 - (4-2) \cdot (3-2)] = 16 : [4 - 2 \cdot 1] = 16:2 = 8$
Tetraeder:	$4 \cdot 3 : [4 - (3-2) \cdot (3-2)] = 12 : [4 - 1 \cdot 1] = 12:3 = 4$
Würfel:	$4 \cdot 3 : [4 - (3-2) \cdot (4-2)] = 12 : [4 - 1 \cdot 2] = 12:2 = 6$
Dodekaeder:	$4 \cdot 3 : [4 - (3-2) \cdot (5-2)] = 12 : [4 - 1 \cdot 3] = 12:1 = 12$

Als „Elemente" in diesen Berechnungen kommen wieder nur die Zahlen von „1" bis „5" vor.

II 5. i)   Berechnung der Ecken-Anzahl

Die Anzahl der Ecken kann einfach berechnet werden:

- Jede Fläche hat dieselbe Anzahl von Ecken.

- Wenn man die Anzahl der Flächen mit der Anzahl der Ecken einer Fläche multipliziert, erhält man die Gesamtzahl der Ecken, wenn die Flächen einzeln wäre, d.h. nicht zu einem 3D-Körper zusammengefügt wären.

- Jede Ecke stößt an eine bestimmte Anzahl von Flächen – durch diese Zahl muß das Produkt aus Anzahl der Flächen und Anzahl der Ecken einer Fläche geteilt werden.

Die Formel lautet folglich:

$$Anzahl\ der\ Ecken \ = \ \frac{Anzahl\ der\ Flächen \cdot Anzahl\ der\ Ecken\ einer\ Fläche}{Anzahl\ der\ Flächen\ an\ einer\ Ecke}$$

Die fünf Berechnungen lauten somit:

Ikosaeder:	$20 \cdot 3 : 5 = 12$
Oktaeder:	$8 \cdot 3 : 4 = \ 6$
Tetraeder:	$4 \cdot 3 : 3 = \ 4$
Würfel:	$6 \cdot 4 : 3 = \ 8$
Dodekaeder:	$12 \cdot 5 : 3 = 20$

II 5. j)   Berechnung der Kanten-Anzahl

Auch die Anzahl der Kanten kann recht einfach berechnet werden:

- Jede Fläche hat soviele Kanten wie Seiten.

- Jede Kante stößt an zwei Flächen.

Also muß lautet die Formel:

„Anzahl der Flächen · Anzahl der Ecken einer Fläche : 2 = Anzahl der Kanten"

Daraus ergeben sich die folgenden fünf Berechnungen:

Ikosaeder: $20 \cdot 3 : 2 = 30$
Oktaeder: $8 \cdot 3 : 2 = 12$
Tetraeder: $4 \cdot 3 : 2 = 6$
Würfel: $6 \cdot 4 : 2 = 12$
Dodekaeder: $12 \cdot 5 : 2 = 30$

II 5. l)   Dualität

Es gibt noch einen speziellen Zusammenhang zwischen den platonischen Körpern, der sich aus den Zahlensymmetrien ergibt.

Wenn ein Körper dieselbe Anzahl an Spitzen hat wie ein anderer Körper Seitenflächen hat, dann kann man den einen Körper so in den anderen setzen, daß jede Spitze des inneren Körpers jeweils die Mitte einer Seite des äußeren Körpers berührt. Dieser Zusammenhang wird Dualität genannt.

In diesem Zusammenhang wird zwischen dem Tetraeder (Spitze nach oben) und dem umgekehrten Tetraeder (Spitze nach unten) unterschieden – sie sind in diesem Zusammenhang zwei verschiedene platonische Körper.

- Der Tetraeder ist zu sich selber dual:
    - Tetraeder: 4 Flächen / 4 Ecken
    - umgekehrter Tetraeder: 4 Flächen / 4 Ecken

- Der Würfel ist zum Oktaeder dual:
    - Würfel: 6 Flächen / 8 Ecken
    - Oktaeder: 8 Flächen / 6 Ecken.

- Der Ikosaeder ist zum Dodekaeder dual:
    - Ikosaeder: 20 Flächen / 12 Ecken
    - Dodekaeder: 12 Flächen / 20 Ecken.

Es gibt folglich 6 Möglichkeiten dieser Art von Kombinationen. Durch sie werden die sechs platonischen Körper zu drei Paaren zusammengefügt:

- Tetraeder im umgekehrten Tetraeder
- umgekehrter Tetraeder im Tetraeder

- Würfel im Oktaeder
- Oktaeder im Würfel

- Ikosaeder im Dodekaeder
- Dodekaeder im Ikosaeder

Alle Spitzen des inneren platonischen Körpers berühren jeweils die Mitte aller Flächen des äußeren platonischen Körpers.

Das sieht dann wie folgt aus:

Die Dualität der platonischen Körper					
umgekehrter Tetraeder im Tetraeder	*Tetraeder im umgekehrter Tetraeder*	*Würfel im Oktaeder*	*Oktaeder im Würfel*	*Ikosaeder im Dodekaeder*	*Dodekaeder im Ikosaeder*

Diese drei Dualitäten sind auch auf der graphischen Anordnung der platonischen Körper symmetrisch angeordnet:

Die Dualität der platonischen Körper				
		Ecken der Flächen		
		3	*4*	*5*
Anzahl der Flächen, die sich an einer Ecke treffen	3	Tetraeder *dual zum umgekehrten Tetraeder*	Würfel *dual zum Oktaeder*	Dodekaeder *dual zum Ikoseder*
	4	Oktaeder *dual zum Würfel*		
	5	Ikosaeder *dual zum Dodekaeder*		

II 5. l)   Die drei Ansichten

Jenachdem, ob man einen platonischen Körper so betrachtet, daß man genau auf eine Fläche, eine Kante oder eine Ecke blickt, sieht er recht verschieden aus:

Die drei Ansichten der platonischen Körper		
	Fläche	*Kante*	*Ecke*
Tetraeder	*Dreieck*	*Quadrat*	*Dreieck*
Würfel	*Quadrat*	*unregelmäßiges Viereck*	*Sechseck*
Oktaeder	*Sechseck*	*unregelmäßiges Viereck*	*Quadrat*
Dodekaeder	*Zehneck*	*unregelmäßiges Sechseck*	*unregelmäßiges Zwölfeck*
Ikosaeder	*Sechseck*	*unregelmäßiges Sechseck*	*Zehneck*

Es fällt auf, wieviele ähnliche Umriß-Formen bei dieser Betrachtung erscheinen. Das liegt vor allem an der Dualität der platonischen Körper.

Dreieck:
- Flächen-Ansicht des Tetraeders
- Spitzen-Ansicht des Tetraeders
=> Der Tetraeder ist mit sich selber dual.

Quadrat:
- Flächen-Ansicht des Würfels
- Spitzen-Ansicht des Oktaeders
=> Oktaeder und Würfel sind dual zueinander.
- Kanten-Ansicht des Tetraeders

regelmäßiges Sechseck:
Flächen-Ansicht des Oktaeders
Spitzen-Ansicht des Würfels
=> Oktaeder und Würfel sind dual zueinander.
Flächen-Ansicht des Ikosaeders

regelmäßiges Zehneck:
Flächen-Ansicht des Dodekaeders
Spitzen-Ansicht des Ikosaeders
=> Dodekaeder und Ikosaeder sind dual zueinander.

II 5. m) Platonische Körper in platonischen Körpern

Jeder der fünf platonischen Körper läßt sich so in die vier anderen platonischen Körper einfügen, daß es eine vollkommne Symmetrie gibt. Dabei berühren die inneren Körper stets auf eine vollkommen regelmäßige Weise den äußeren Körper.

Die vier Möglichkeiten der Berühungs-Orte sind:

> 1. die Ecken,
> 2. die Mitte der Kanten,
> 3. die Mitte der Flächen und
> 4. die gesamte Fläche.

Die fünf platonischen Körper sind offenbar auf vielfältige Weise miteinander verwandt.

In der Tabelle auf der nächsten Seite steht oben der äußere Körper, links der innere Körper. Unter der Skizze steht, auf welche Weise der innere Körper den äußeren Körper berührt.

Zunächst einmal fällt auf, daß nur der Tetraeder auf regelmäßige Weise in sich selber eingefügt werden kann – der Tetraeder ist dual zu sich selber.

platonische Körper in platonischen Körpern					
	Ikosaeder	Oktaeder	Tetraeder	Würfel	Dodekaeder
Ikosaeder		*Fläche an Flächenmitte*	*Fläche an Flächenmitte*	*Kante an Flächenmitte*	*Ecke an Flächenmitte*
Oktaeder	*Ecke an Kantenmitte*		*Fläche an Flächenmitte*	*Ecke an Flächenmitte*	*Ecke an Kantenmitte*
Tetraeder	*Ecke an Flächenmitte*	*Ecke an Flächenmitte*	*Ecke an Flächenmitte*	*Kante an Flächenmitte*	*Ecke an Ecke*
Würfel	*Ecke an Flächenmitte*	*Ecke an Flächenmitte*	*Ecke an Flächenmitte*		*Kante an Diagonale*
Dodekaeder	*Ecke an Flächenmitte*	*Ecke an Flächenmitte*	*Ecke an Flächenmitte*	*Kante an Flächenmitte*	

30

Welche Regelmäßigkeiten gibt es hier?

- Alle Kombinationen von „Fläche an Flächenmitte" haben in ihrer Umkehrung „Ecke an Flächenmitte", also zum Beispiel bei „Oktaeder im Tetraeder" und „Tetraeder im Oktaeder".

- Alle Kombinationen von „Kante an Flächenmitte" haben in ihrer Umkehrung „Ecke an Flächenmitte", also zum Beispiel bei „Würfel im Tetraeder" und „Tetraeder im Würfel".
Ein Ausnahme bildet „Würfel im Dodekaeder", der als Umkehrung „Kante an Diagonale" hat.

- Alle dualen platonischen Körper haben „Ecke an Flächenmitte".

Daraus ergibt sich eigentlich nichts Neues … Lediglich die Sonderstellung des Tetraeders in Bezug auf die Dualität wird noch einmal deutlich.

II 5. n)   Zusammenfassung

Die platonischen Körper weisen einige Eigenschaften und Symmetrien auf:

- Es gibt nur 5 platonischen Körper. Man kann den umgekehrten Tetraeder jedoch als 6. platonischen Körper zählen.

- Die platonischen Körper sind durch die Zahlen „3", „4" und „5" geprägt – die „2" spielt eine Nebenrolle.

- Der Tetraeder ist der einfachste platonische Körper: An jeder Ecke treffen sich 3 Dreiecke.
Aus ihm entstehen durch die Vermehrung der Anzahl der Ecken der Flächen auf 4 bzw. 5 der Würfel und der Dodekaeder.
Aus ihm entstehen durch die Vermehrung der Anzahl der Flächen, die sich an einer Ecke treffen, auf 4 bzw. 5 der Oktaeder und der Ikosaeder.

- Die Anzahlen der Kanten der fünf platonischen Körper sind genau symmetrisch; die Anzahlen der Flächen bzw. der Ecken sind spiegelsymmetrisch.

- Der Tetraeder ist zu sich selbst, d.h. zu dem umgekehrten Tetraeder dual.
Würfel und Oktaeder sind dual zueinander, d.h. geometrisch eng miteinander verwandt.
Ikosaeder und Dodekaeder sind dual zueinander, d.h. geometrisch eng miteinander verwandt.

- Alle platonischen Körper lassen sich auf symmetrische Weise in alle anderen platonischen Körper einfügen – der Tetraeder, der zu sich selber dual ist, auch in sich selber.

Die beiden größten Überraschungen sind 1. die Dualität und 2. die Möglichkeit, jeden platonischen Körper in regelmäßiger Weise in jeden anderen platonischen Körper einzufügen.

III   Die platonischen Körper und ihr Umfeld

Die bisher verwendete Übersicht über die platonischen Körper, die auf den beiden Merkmale der „Anzahl der Ecken der Flächen" und der „Anzahl der sich an einer Ecke treffenden Flächen" beruht, läßt sich um einige andere geometrische Formen erweitern.

Dazu kann man sowohl die „Anzahl der Ecken, die eine Fläche hat", als auch die „Anzahl der Flächen, die sich an einer Ecke treffen", noch weiter erhöhen oder erniedrigen. Dadurch erhält man jedoch keine neuen platonischen Körper, sondern andere geometrische Formen wie Punkte, Flächen und Linien.

- Wenn man die Anzahl der Ecken auf 6 erhöht, erhält man ein Hexagon („Wabe"), aus dem man zwar keinen Körper, aber eine Fläche bilden kann.

- Wenn man sich an jeder Ecke vier statt nur drei Quadrate treffen läßt, erhält man ebenfalls eine Fläche (mit Längs- und Querlinien = „Kästchen").

- Wenn man sich an jeder Ecke sechs statt fünf Dreiecke treffen läßt, erhält man ebenfalls eine Fläche (mit Linien in drei Richtungen = Dreiecke).

- Wenn man die Anzahl der Flächen, die sich an einer Ecke treffen, auf 2 reduziert, erhält man eine Einzelfläche mit Vorder- und Rückseite – das sind die beiden Flächen, die sich hier treffen. Diese Flächen können beliebig viele Ecken haben, da sie einzeln dastehen. Dies sind die relegmäßigen Vielecke.

- Wenn man die Anzahl der Ecken der Flächen auf 2 reduziert, wird die Fläche zur Linie – die Ecken sind der Anfangs- und Endpunkt der Linie. Es können natürlich beliebig viele solcher Linien von einem Punkt ausgehen.

- Wenn man die Anzahl der Ecken einer Fläche auf 1 reduziert, erhält man einen einzelnen Punkt, da selbst die Gerade noch zwei Punkte (an den beiden Enden) hat.

- Wenn man die Anzahl der Flächen, die sich an einer Ecke treffen, auf 1 reduziert, erhält man eine Einzelfläche, d.h. letztlich einen Punkt.

- Lediglich der Würfel kann einen Raum lückenlos füllen. Tetraeder und Oktaeder können jedoch gemeinsam einen Raum lückenlos füllen.

Somit ergibt sich die folgende erweiterte Übersicht über die platonischen Körper und ihr geometrisches Umfeld:

Systematik der platonischen Körper und ihres Umraumes

Anzahl der Ecken der Flächen

		1	2	3	4	5	6	7	...	∞
Anzahl der sich an einem Punkt treffenden Flächen	1	Punkt								
	2		Linie	Dreieck	Viereck	Fünfeck	Sechseck	Sieben-eck	...	Kreis
	3		Drei-Strahl	Tetraeder (Raum mit Okta-eder)	Würfel (Raum)	Dodeka-eder (Einzel-körper)	Hexa-gramm-Fläche			
	4		Vier-Strahl	Oktaeder (Raum mit Te-traeder)	Quadrat-Fläche					
	5		Fünf-Strahl	Ikosaeder (Einzel-körper)						
	6		Sechs-Strahl	Dreieck-Fläche						
	7		Sieben-strahl usw.							
	...		...							
	∞		Strahlen-büschel							

Diese Übersicht wird leichter erfaßbar, wenn man in sie die entsprechenden geometrischen Formen einfügt:

Systematik der Platonischen Körper und ihres Umraumes

					Ecken der Flächen					
		1	*2*	*3*	*4*	*5*	*6*	*7*	...	∞
Anzahl der sich an einem Punkt treffen-den Flä-chen	**1**	Punkt								
	2		Linie	Einzel-fläche	Einzel-fläche	Einzel-fläche	Einzel-fläche	Einzel-fläche	...	Einzel-fläche
	3		Strahlen	raum-füllend	raum-füllend	Einzel-körper	Fläche			
	4		Strahlen	raum-füllend	Fläche					
	5		Strahlen	Einzel-körper						
	6		Strahlen	Fläche						
	7		Strahlen							
	...		...							
	∞		Strahlen							

35

In diesem System sind alle platonischen Körper sowie einige weitere geometrische Formen harmonisch-symmetrisch angeordnet:

Der Ursprung ist der Punkt.

Die erste ausgedehnte geometrische Form ist die Linie.
Durch die Vermehrung der Eckpunkte entstehen die regelmäßigen Flächen bis hin zum Kreis.
Durch die Vermehrung der sich treffenden Linien entstehen die regelmäßigen Strahlenformen bis hin zum „Strahlenbüschel".
Diese beiden Linien bilden eine extrem „flache" Hyperbel.

Mit den drei einfachsten platonischen Körpern (Tetraeder, Würfel, Oktaeder) kann ein Raum lückenlos gefüllt werden – der Würfel kann dies alleine, Tetraeder und Oktaeder können dies nur gemeinsam. Dabei werden auf jeden Oktaeder zwei Tetraeder gebraucht.
Diese drei platonischen Körper bilden den „inneren Winkel" in dieser Übersicht – er ist dunkelgrau hinterlegt.
Sie sind die erste Erweiterung der Hyperbel.
In einem Raum, der mit gleichgroßen Kugeln angefüllt ist, bilden die Mittelpunkte von vier benachbarten Kugeln jeweils einen Tetraeder.

Die beiden komplexeren platonischen Körper können keinen Raum lückenlos füllen. Sie liegen an den beiden Enden der drei vorigen platonischen Körper – sie sind mit dunklem Mittelgrau hinterlegt.
Sie sind die zweite Erweiterung der Hyperbel.

Drei der möglichen Kombinationen der „Anzahl von Ecken der Flächen" und der „Anzahl der Flächen, die sich an einem Punkt treffen", ergeben Flächen – sie sind sozusagen unendliche „platonische Flächen": Quadrat-Flächen („Hauswand"), Dreieck-Flächen und Hexagramm-Flächen („Waben") – sie sind mit hellem Mittelgrau hinterlegt.
Sie sind die dritte Erweiterung der Hyperbel.

Man kann die Betrachtung des Umfeldes der platonischen Körper noch einen Schritt weiterführen:

Es gibt sozusagen den eindimensionalen „platonischen Körper": den Punkt.

Es gibt die unbegrenzten zweidimensionlaen „platonischen Körper", d.h. die drei „platonischen Flächen", die nur aus gleichseitigen Dreiecken oder nur aus Quadraten oder nur aus gleichseitigen Sechsecken bestehen.

Es gibt die begrenzten zweidimensionalen „nicht-platonischen Körper": die anderen regelmäßigen Vielecke.

Es gibt die üblichen dreidimensionalen platonischen Körper: Tetraeder, Oktaeder, Ikosaeder, Würfel und Dodekaeder.

Man kann auch berechnen, welche vierdimensionalen „platonischen Körper" es gibt. Auch dabei zeigt sich wieder eine Symmetrie. Die zeichnerische Darstellung dieser insgesamt 6 vierdimensionalen „platonischen Körper" ist schwierig und eher unanschaulich.

Es ist jedoch interessant, daß auch bei ihnen die prägenden Zahlen die „3", „4" und „5" sind. Ihre geometrischen Definitionen, die eine 4D-Erweiterung von „Anzahl der Ecken einer Fläche" und „Anzahl der Flächen an einer Ecke" ist, lauten:

- 3/3/3
- 3/3/4
- 3/4/3
- 4/3/3
- 3/3/5
- 5/3/3

Bei der Untersuchung von Körpern mit einer noch höheren Zahl von Dimensionen untersucht, hat sich herausgestellt, daß sie nur noch durch die Zahlen „3" und „4" definiert werden.

Somit hat sich gezeigt, daß die platonischen Körper fünf Elemente in einem deutlich größeren geometrischen Zusammenhang sind.

Der nächste Schritt ist nun die genauere Betrachtung dieser fünf platonischen Körper.

IV   Die Eigenschaften der platonischen Körper

Die bislang noch recht abstrakten und nur wenig faßbaren Eigenschaften der platonischen Körper lassen sich konkreter greifbar machen, indem man schaut, wo sie überall zu finden sind, und welchen Charakter sie dort haben.

IV 1.   Die geometrischen Eigenschaften

Die geometrischen Eigenschaften sind schon weitgehend beschrieben worden, aber werden hier noch einmal zusammengefaßt.

IV 1. a)   Ikosaeder

1. Oktaeder können nicht so aneinandergefügt werden, daß sie einen größeren Körper bilden, der keine Lücken enthält. Sie bewahren also stets eine Distanz zueinander.

2. Ein Ikosaeder hat zwölf Ecken. Diese Ecken kann man so miteinander verbinden, daß sich drei Rechtecke ergeben. Diese Rechtecke haben einen gemeinsamen Mittelpunkt. Die verschiedenen Längen der Seiten eines solchen Rechtecks haben zueinander das Verhältnis des goldenen Schnitts.
Der goldene Schnitt findet sich auch beim Dodekaeder, da Ikosaeder und Dodekaeder dual zueinander sind, d.h. geometrisch eng miteinander verwandt sind.
Der goldene Schnitt ist eine Zahl, die eine Entwicklung, ein Wachstum und ein Entfalten beschreibt. Die ausführlichere Beschreibung des goldenen Schnitts findet sich beim Dodekaeder.

3. Der Ikosaeder nähert sich mit seinen 20 Flächen schon sehr stark einer Kugel an.

IV 1. b)   Oktaeder

1. Oktaeder können zusammen mit Tetraedern so aneinandergefügt werden, daß sie einen größeren Körper bilden, der keine Lücken enthält – dabei müssen sich jeder Oktaeder zwei Tetraeder zu Hilfe holen.

2. Der Oktaeder ist dual zum Würfel, d.h. er ist in geometrischer Hinsicht eng mit ihm verwandt.

IV 1. c) Tetraeder

1. Tetraeder können zusammen mit Oktaedern so aneinandergefügt werden, daß sie einen größeren Körper bilden, der keine Lücken enthält – dabei müssen sich je zwei Tetraeder einen Oktaeder zu Hilfe holen.

2. Der Tetraeder ist dual zu sich selber.

3. Wenn man gleichgroße Kugeln möglichst eng schichtet, bilden die Mittelpunkte von jeweils vier benachbarten Kugeln einen Tetraeder. Der Tetraeder ist also das Prinzip der größten Nähe (platzsparendste Raumfüllung) von Individuen (Kugeln).

4. Der Tetraeder ist der kleinste und einfachste platonische Körper.

5. Er hat die spitzesten Ecken, d.h. er ist „wehrhaft".

IV 1. d) Würfel

1. Würfel können so aneinandergefügt werden, daß sie einen beliebig großen Körper bilden, der keine Lücken enthält. Dabei stoßen jeweils 8 Würfel mit ihren Spitzen an einem Punkt zusammen – es besteht sozusagen ein mittel-vielfältiger Kontakt zwischen den Oktaedern.

2. Der Würfel ist dual zum Oktaeder, d.h. er ist in geometrischer Hinsicht eng mit ihm verwandt.

3. Der Würfel besteht als einziger der platonischen Körper nur aus parallelen Flächen. Das bedeutet, daß ein Körper, der nur aus Würfeln besteht, den Druck zur anderen Seite hin weitergibt ohne sich selber zu bewegen. Das sieht bei Körpern, die aus Tetraedern oder Oktaeder bestehen, ganz aus: Sie zerfallen bei Druck von außen – die Tetraeder bzw. Oktaeder werden zur Seite fortgeschoben. Der Würfel ist daher der ideale Baustein – die Backsteine, aus denen man Häuser baut, sind daher „längliche, flache Würfel". Der Würfel ist folglich die statisch stabilste Form.

IV 1. e) Dodekaeder

1. Dodekaeder können nicht so aneinandergefügt werden, daß sie einen größeren Körper bilden, der keine Lücken enthält. Sie bewahren also stets eine Distanz zueinander.

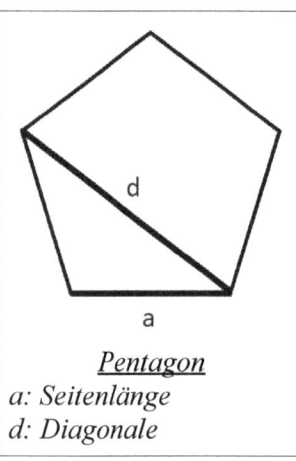

Pentagon
a: Seitenlänge
d: Diagonale

2. In einem Pentagon, also in einer der Fünfeck-Flächen, aus denen die Oberfläche eines Dodekaeders besteht, entspricht das Verhältnis der Seitenlänge zu der Diagonale genau dem Goldenen Schnitt. Den goldenen Schnitt gibt es im Pentagon und im Pentagramm an mehreren Stellen.

Der goldene Schnitt ist das Verhältnis „1 : 1,618" zwischen zwei Längen. Diese Zahl ergibt sich aus der Formel „a:b = b:(a+b)".

Etwas weniger mathematisch formuliert bedeutet das, daß ein bestimmtes Verhältnis zwischen zwei Längen a und b gibt – wobei a die kürzere Länge der beiden ist. Das Verhältnis der Länge von a zu der Länge von b ist dasselbe wie das Verhältnis der Länge von b (die längere Gerade) zu den beiden zusammengefügten Längen (a+b).

Der goldene Schnitt beschreibt folglich eine regelmäßige Weiterentwicklung einer Größe: Man kann jede Größe mit dem Verhältnis des goldenen Schnitts (1,618) multiplizieren und erhält auf diese Weise eine harmonische Folge. Der goldene Schnitt ist also ein Verhältnis des Wachstums, der Entfaltung und der Entwicklung – was gut zu einem Symbol der Quintessenz paßt, da diese ja der Kern und der Keim der vier Elemente ist und folglich Wachstums- und Entfaltungs-Qualitäten haben sollte.

IV 1. f) Zusammenfassung

Es lassen sich nach den bisherigen Betrachtungen die folgenden Eigenschaften der platonischen Körper erkennen:

Die Eigenschaften der platonischen Körper				
		Ecken der Flächen		
		3	*4*	*5*
Anzahl der Flächen, die sich an einer Ecke treffen	3	Tetraeder - *bildet zusammen mit Oktaedern einen geschlossenen Raum* - *viele Kontakte* - *dual zu sich selber* - *wehrhaft* - *„Feuer"*	Würfel - *bildet einen geschlossenen Raum* - *mittelviele Kontakte* - *druckresistent* - *dual zum Oktaeder* - *„Erde"*	Dodekaeder - *etwas kontaktscheu* - *goldener Schnitt =>Entfaltung* - *Annäherung an eine Kugel* - *dual zum Ikosaeder* - *„Licht"*
	4	Oktaeder - *bildet zusammen mit Tetraedern einen geschlossenen Raum* - *mittelviele Kontakte* - *dual zum Würfel* - *„Luft"*		
	5	Ikosaeder - *wahrt Distanz* - *goldener Schnitt =>Entfaltung* - *Annäherung an eine Kugel* - *dual zum Dodekaeder* - *„Wasser"*		

IV 2.   Die astrologischen Aspekte

Ein ganz anderer Bereich, mit dem man die platonischen Körper vergleichen kann, ist die Astrologie. Die Verbindung zwischen diesen beiden Bereichen sind vor allem die Winkel an den Flächen der platonischen Körper und die astrologischen Aspekte, die ebenfalls Winkel sind.

IV 2. a)   Ikosaeder

Der Ikosaeder könnte als Wasser-Symbol zu den Wasserzeichen Krebs, Skorpion und Fische gehören – dieser Zusammenhang ist jedoch zunächst noch ausgesprochen lose.

Die Dreiecks-Flächen könnten ein Hinweis auf eine Verwandtschaft zu dem astrologischen Aspekt des Trigons (120°-Winkel) sein, der einen festen Zusammenhalt („Freundschaft") darstellt oder des Sextils (60°), das eine Gruppenbildung darstellt. Doch wie unterscheidet er sich von dem Oktaeder und dem Tetraeder, deren Oberflächen ebenfalls aus Dreiecken bestehen?

IV 2. b)   Oktaeder

Der Oktaeder könnte als Luft-Symbol zu den Luftzeichen Waage, Wassermann und Zwillinge gehören – dieser Zusammenhang ist jedoch ausgesprochen lose.

Die Dreiecks-Flächen könnten wieder ein Hinweis auf eine Verwandtschaft zu dem astrologischen Aspekt des Trigons (120°-Winkel) oder des Sextils (60°) sein.

IV 2. c)   Tetraeder

Der Tetraeder könnte als Feuer-Symbol zu den Feuerzeichen Widder, Löwe und Schütze gehören – dieser Zusammenhang ist jedoch auch hier ausgesprochen lose.

Die Dreiecks-Flächen könnten wieder ein Hinweis auf eine Verwandtschaft zu dem astrologischen Aspekt des Trigons (120°-Winkel) oder des Sextils (60°) sein.

Das Trigon ist in der Astrologie eng mit den beiden Feuerzeichen Löwe und Schütze verwandt und der Tetraeder entspricht den Feuerzeichen.

IV 2. d)   Würfel

Der Würfel könnte als Erd-Symbol zu den Erdzeichen Steinbock, Stier und Jung-frau gehören – dieser Zusammenhang ist jedoch auch hier wieder ausgesprochen lose.

Die Quadrat-Flächen könnten ein Hinweis auf eine Verwandtschaft zu dem astrolo-gischen Aspekt des Quadrats (90°-Winkel) sein, der eine konstruktive Trennung („Zeltstange") darstellt. Das Quadrat gehört in der Astrologie zu dem Erdzeichen Steinbock, aber auch zu dem Wasserzeichen Krebs.

IV 2. e)   Dodekaeder

Als Quintessenz könnte der Dodekaeder dem Tierkreis entsprechen, der in sich die vier Elemente in einer vollkommenen Harmonie enthält. Der Dodekaeder hat auch 12 Flächen, was der Anzahl des Zeichen des Tierkreises entspricht. Beide haben auch eine Beweguns-, Entwicklungs- und Entfaltungsdynamik: der Tierkreis als kreisendes System und der Dodekaeder durch den goldenen Schnitt (den jedoch auch der Ikosa-eder enthält).

Als Ursprung der vier Elemente sollte der Dodekaeder auch die „3" und die „4" enthalten, die die Anzahl der Ecken der anderen platonischen Körper sind. Das würde für die Anzahl der „3·4=12" Seiten des Dodekaeders auch zutreffen.

Dieser Zusammenhang ist allerdings nicht sonderlich direkt und offensichtlich und wirkt abgesehen von den 12 Pentagonen ein bißchen künstlich und gewollt.

IV 2. f)   Zusammenfassung

Diese Analogien kann man bestenfalls als „ganz nett" bezeichnen. Lediglich der Trigon-Aspekt beim Tetraeder und der Quadrat-Aspekt beim Würfel sind einigermaßen überzeugend, jedoch nicht die gesamten Zuordnungen.

Somit lassen sich zu der Übersicht über die Eigenschaften der platonischen Körper nur diese beiden astrologischen Aspekte zum Tetraeder und zum Würfel hinzufügen sowie der Tierkreis (mit Fragezeichen) zum Dodekaeder.

Die Eigenschaften der platonischen Körper				
		Ecke der Flächen		
		3	*4*	*5*
Anzahl der Flächen, die sich an einer Ecke treffen	3	Tetraeder - *bildet zusammen mit Oktaedern einen geschlossenen Raum* - *viele Kontakte* - *dual zu sich selber* - *wehrhaft* - *„Feuer"* - *Trigon-Aspekt (verbindend)* - *Sextil-Aspekt (Gruppenbildung)*	Würfel - *bildet einen geschlossenen Raum* - *mittelviele Kontakte* - *druckresistent* - *dual zum Oktaeder* - *„Erde"*	Dodekaeder - *etwas kontaktscheu* - *goldener Schnitt =>* *Entfaltung* - *Annäherung an eine Kugel* - *dual zum Ikosaeder* - *„Licht"* - *Tierkreis?*
	4	Oktaeder - *bildet zusammen mit Tetraedern einen geschlossenen Raum* - *mittelviele Kontakte* - *dual zum Würfel* - *„Luft"*		
	5	Ikosaeder - *wahrt Distanz* - *goldener Schnitt =>* *Entfaltung* - *Annäherung an eine Kugel* - *dual zum Dodekaeder* - *„Wasser"*		

IV 3.   Die platonischen Körper in der Natur

Naheliegenderweise kann man sich auch in der Natur umschauen, um zu sehen, ob die platonischen Körper dort vorkommen und welche Eigenschaften sie dort haben – solche Funde wären dann recht stichhaltige Argumente für die Qualitäten der platonischen Körper.

IV 3. a)   Ikosaeder

1. Wenn Atome Cluster bilden, also sich in großen Mengen ansammeln, sind sie bestrebt, sich möglichst eng zu lagern. Dabei entsteht sehr häufig die Ikosaeder-Form.

2. Viren bestehen im Wesentlichen aus ihrer DNS, aus einer Hülle um diese DNS und aus Greifarmen, mit denen sie sich an einer Zelle verankern können. Diese Hülle, also die Kapsel, in der sich die DNS des Virus befindet, hat häufig die Form eines Ikosaeders (z.B. beim Hepatitis-Virus und beim Polio-Virus).

Diese Form ist besonders effektiv, weil sie zum einen aus regelmäßigen Flächen zusammengesetzt und daher sehr einfach zu konstruieren ist, und weil sie ein sehr großes Volumen im Verhältnis zum Radius hat – der Ikosaeder ist eine gute Annäherung an eine Kugel.

3. Aus denselben Gründen wie bei den Viren finden sich auch Ikosaeder-förmige Hüllen um manche der „Radiolaren" genannten Einzeller, die im Meer leben. Diese Hüllen bestehen hier jedoch nicht aus Kohlenstoff-Molekülen (organische Substanz), sondern aus Siliciumdioxyd-Molekülen (Quarz).

4. Die Anordnung der Ecken in einem Ikosaeder wird in der Mathematik oft zur Auflösung von Gleichungen 5. Grades (Gleichungen mit 5 Unbekannten) verwendet. Dadurch, daß sich im Ikosader ein Dodekaeder befindet (beide sind dual zueinander), ist auch der Ikosaeder von der „5" geprägt.

5. Neuere Klettergerüste aus Stangen und Seilen auf Spielplätzen haben oft die Form eines Ikosaeders. Hier wird die stabile, strukturierte Beinahe-Kugelform des Ikosaeders genutzt.

> => Der Ikosader ist eine gute Annäherung an eine Kugel und hat daher ein
> großes Volumen im Verhältnis zum Radius. Zudem besteht die Ikosaeder-

Oberflächen aus einfachen, gleichseitigen Dreiecken. Daher eignet sich der Ikosaeder für die Konstruktion von stabilen, strukturierten Beinahe-Kugeln aus Dreiecken.

Der Ikosaeder ist auch dafür geeignet, Gleichungen mit 5 Unbekannten zu lösen.

IV 3. b) Oktaeder

1. Manche Moleküle haben die Form eines Oktaeders. Diese Form findet sich vor allen in der anorganischen „Komplexchemie", d.h. bei größeren Molekülen, die aus mehreren Zentral-Atomen bestehen, an denen eine größeren Anzahl derselben Atom-Ketten hängen.

2. In manchen Kristallen sind die Ione in der Form von Oktaedern angeordnet (Alaun, Flourit, Pyrit, Gold, Diamant usw.).

=> Oktaeder kommen bei Molekülen und als Kristall-Form vor.

IV 3. c) Tetraeder

1. Die Mittelpunkte von möglichst dicht gelagerten, gleichgroßen Kugeln bilden Tetraeder miteinander. Diese Art der Anordnung kann man sich am einfachsten in einer Dose mit gleichgroßen Klickern o.ä. anschauen.

Da die Atomkerne aus den annähernd gleichgroßen Protonen und Neutronen bestehen, lagern sie sich wie gleichgroße Kugeln aneinander und bilden Tetraeder. In dieser Anordnung lagern sich in einer Fläche je sechs Kugeln um eine zentrale Kugel herum an – diese Form der Ordnung ist daher auch mit dem Sextil verwandt, das der astrologische Aspekt der Gruppenbildung ist.

Bei den chemischen Elementen, in deren Atomkernen sich die Protonen und Neutronen möglichst regelmäßig durch Tetraeder bzw. Sextile angeordnet haben, d.h. die aufgrund ihrer Anzahl annähernd Kugeln bilden, ist die Bindung der Elektronen an den Atomkern am höchsten und folglich der Schmelzpunkt dieser Elemente deutlich höher als man eigentlich erwarten sollte. Dies ist eine Auswirkung der engen Lagerung der „Kugeln" der Protonen und Neutronen im Atomkern. Diese Atome mit dem perfekten, runden Atomkern sind Wasserstoff, Kohlenstoff, Eisen und Osmium.

2. Neutronensterne sind nur ca. 20 Kilometer im Durchmesser groß, aber haben eine Masse, die größer als die Masse der Sonne ist. Sie bestehen aus ca. 10^{51} Neutronen und sind somit sozusagen ein einziger riesiger Atomkern. Daher ist auch die Anordnung der Neutronen in ihnen durch den Tetraeder und das Sextil geprägt.

3. In den sehr häufigen Kristallen mit einer hexagonalen Kristallisationsform sind die Ionen in Tetraedern bzw. in Sextilen angeordnet. Zu ihnen gehören Beryll, Quarz, Bergkristall, Graphit, Amthyst, Diamant, Zitrin, Rauchquarz, Prasem, Rosenquarz und viele andere mehr (der Dimant kann verschiedene Kristallisationsformen haben).

4. Auch einige chemische Elemente bilden in ihrer Reinform eine hexogonale Kristallstruktur, d.h. sie ordnen sich in Tetraedern/Sextilen an. Dies sind Cadmium, Kobalt, Magnesium, Hafnium, Rhenium, Rhutenium, Technetium, Tallium, Titan, Yttrium, Zink und Osmium.

5. Eis hat eine hexagonale Kristallstruktur, die aus Wassermolekülen gebildet wird, die sich aufgrund ihrer polaren elektrischen Ladung wie Ionen verhalten, d.h. Kristalle bilden können. Deshalb wird der gefrierender Wasserdampf in den Wolken zu Schneeflocken – die immer sechstrahlig sind.

6. Viele einfache Moleküle haben die Form eines Tetraeders. Die meisten von ihnen haben ein Kohlenstoff-Atom oder ein Silizium-Atom in ihrem Zentrum, da diese beiden Atome vier Elektronen-Bindungen eingehen können, wobei dann jede Bindung in eine der vier Spitzen eines Tetraeders weist. Das einfachste derartige Molekül ist das Methan (CH_4), das ein Kohlenstoffatom im Zentrum und außen vier Wasserstoffatome hat.

7. Ein Tetrahedran ist ein Molekül aus vier Kohlenstoffatomen, die die vier Ecken eines Tetraeders bilden. Je drei der vier Elektronenbindungen der Kohlenstoffatome gehen zu den drei benachbarten Kohlenstoffatomen, der vierte reicht nach außen zu einem Wasserstoffatom. 1978 konnte ein Derivat des Tetrahedons hergestellt werden – das Tetrahedon selber ist jedoch sehr instabil.

8. „Krähenfüße" sind eine mittelalterliche Waffe, die aus einem Zentrum und vier zu den Spitzen eines Tetraeders hin ausgerichteten Nägeln besteht. Diese Krähenfüße stehen immer auf drei „Krähenkrallen", während die vierte Spitze als „Krähenbein" nach oben weist. Diese Waffe wurde auf Wegen ausgestreut, um zu verhindern, daß man über diese Wege rennen konnte – die Feinde mußten dann vorsichtig und langsam laufen, um sich nicht zu verletzen ... und konnten derweil mit der Armbrust erschossen werden ...

Diese Krähenfüße werden heute noch als Autosperren benutzt.

9. Große Krähenfüße aus Beton werden zur Küstenbefestigung verwendet, weil sich diese Formen effektiv ineinander verhaken und nicht leicht fortgeschwemmt werden können. Sie werden „Tetrapoden", d.h. „Vierfuß" genannt.

> => Tetraeder füllen einen Raum maximal dicht mit Kugeln aus und sind mit dem astrologischen Sextil-Aspekt sowie mit dem hexagonalen Kristallsystem eng verwandt.

IV 3. d)   Würfel

1. In der kubischen Kristallisationsform sind die Ionen in Würfelform angeordnet. Zu diesen Kristallen zählen u.a. Pyrit, Diamant, Sodalith, Fluorit, Lapislazuli, Magnetit und Spinell.
Einige dieser Kristalle treten auch als Oktaeder auf, da dieser mit dem Würfel verwandt ist: Der Würfel und der Oktaeder sind dual zueinander.

2. Einige chemische Elemente lagern sich in ihrer Reinform in der kubischen Form an. Dies sind Kupfer, Aluminium, Blei, Chrom, Eisen, Gold, Iridium, Mangan, Nickel, Platin, Silber, Silicium, Tantal, Titan, Wolfram, Paladium, Rhodium, Carobbiit und Haxonit.

3. Es gibt auch Legierungen, in denen sich die Atome in Würfeln anordnen wie z.B. in Messing, das eine Kupfer/Zink-Legierung ist.

4. Ein Cuban ist ein Molekül aus acht Kohlenstoffatomen, die die acht Ecken eines Würfels („Cubus") bilden. Je drei der vier Elektronenbindungen der Kohlenstoffatome gehen zu den drei benachbarten Kohlenstoffatomen, der vierte reicht nach außen zu einem Wasserstoffatom. Cuban wurde 1964 zum ersten mal hergestellt.

5. In unserer Kultur sind extrem viele Dinge würfelförmig: Backsteine, Zimmer, Häuser, Schachbrett-Straßenanordnung, Papierblätter, Bücher, Teppiche, Betten, Schränke, Kisten, Bretter, Autos, Computer, Lego-Steine usw.
Diese Form ermöglicht das Stapeln, weil die parallelen Seiten des Würfels und der ihm ähnlichen rechteckigen Formen das eigene Gewicht nach unten weitergeben. Dies ist die einzige Form, mit der man durch bloßes Aufeinanderlegen große, komplexe Formen bilden kann. Dafür müssen die Seiten lediglich waagerecht zur

Erdoberfläche, d.h. im rechten Winkel (90°) zur Schwerkraft liegen.

Dasselbe Prinzip findet sich auch bei Balken, Pfosten, Stangen u.ä., die sozusagen sehr dünne und hohe „Würfel" sind.

=> Der Würfel bzw. der astrologische Quadrat-Aspekt und die kubische Kristallisationsform erschafft stabile, stapelbare, standfeste Formen.

IV 3. e) Dodekaeder

1. Ein Dodecahedran ist ein Molekül aus zwanzig Kohlenstoffatomen, die die zwanzig Ecken eines Dodecaeders bilden. Je drei der vier Elektronenbindungen der Kohlenstoffatome gehen zu den drei benachbarten Kohlenstoffatomen, der vierte reicht nach außen zu einem Wasserstoffatom. Dodecaheran wurde 1982 zum ersten mal hergestellt.

Das Dodekahedran ist das kleinste Fulleren. Fullerene sind Moleküle aus Kohenstoff, die regelmäßig geformte Hohlkugeln bilden. Die Kohlenstoffatome sind in den Flächen dieser Fullene u.a. in Pentagonen und Hexagonen angeordnet. Diese Konstruktion findet man z.B. auch bei einem Fußball, der aus 12 Pentagonen und 20 Hexagonen besteht.

2. Wenn sich auf der Elektronenschale eines Atoms zwölf Elektronen befinden, neigen diese dazu, sich wie die Ecken eines Dodekaeders auszurichten, da dies die Anordnung mit der geringsten potentiellen Energie ist. Bei dieser Anordnung sind alle Elektronen gleich weit vom Atomkern entfernt.

3. Durch die Pentagone in der Oberfläche eines Dodekaeders enthält der Dodekaeder auch den goldener Schnitt. Der Goldene Schnitt findet sich auch in der Anordnung von Blütenblättern z.B. bei der Rose, bei den Größenverhältnissen z.B. eines Efeu-Blattes, bei den Größenverhältnissen der Gestalt eines Seesterns, bei den Abschnitten der Äste einer Pappel, bei der Anordnung der „Plättchen" eines Tannenzapfems, bei der Blüte des Brokkolis, bei den Nadeln an Kieferästen, bei der Anordnung der Kerne in Sonnenblumen usw.

Durch den goldenen Schnitt ergibt sich auch eine Selbstähnlichkeit in der Struktur bei der betreffenden Pflanze bzw. dem Tier.

Der Zusammenhang des goldenen Schnitts mit dem Dodekaeder ist zwar vorhanden, aber doch recht lose. (Im Alltag in unserer Zivilisation findet sich der goldene Schnitt am deutlichsten in dem Verhältnis der Länge und Breite von Papierblätter im den üblichen Din-Formaten, also Din A3, DinA4, DinA5 usw.)

49

4. Quasikristalle sind Kristalle, die eine Pentagon-Symmetrie haben. Diese Kristallgitter sind jedoch nicht periodisch, sondern unregelmäßig – sie wiederholen sich nicht in ihrem Aufbau.

Offenbar ist das Pentagon kreativ und treibt die Entwicklung und die Entfaltung neuer Formen endlos weiter. Das ist eine Eigenschaft, die auch ein Merkmal des goldenen Schnitts ist.

Die Quasikristalle bestehen aus zwei rhombenartigen Grundformen, die sich ergänzen und an ihren Ecken die Winkel von Pentagon und Pentagramm haben. Daraus ergibt sich wiederum, daß die Seitenlängen dieser rhombischen Formen in diesen Kristallen das Verhältnis des goldenen Schnitts haben.

5. Das Mineral Pyrit („Katzengold") kann als Beinahe-Dodekaeder kristallisieren. Die Seitenflächen dieses Dodekaeders sind jedoch keine regelmäßigen Pentagone – eine der fünf Seiten ist ein wenig in die Länge gezogen.

6. Der Grundstein von Waldorfschulen ist ein kupferner Pentagon-Dodekaeder. Er soll u.a. die geistige Entwicklung der Schüler fördern. Die zwölf Seiten des Dodekaeders werden dabei mit den zwölf Tierkreiszeichen assoziiert.

7. Für Fortgeschrittene gibt es den „Zauberwürfel" (Rubrics Cube) auch als Pentagon-Dodekaeder.

=> Der Dodekaeder ist mit dem goldenen Schnitt verbunden. Beide sind Ausdruck von Entwicklung, Wachstum und Entfaltung.

IV 3. f) Zusammenfassung

Durch die Dinge in der Natur und in der Zivilisation, die die Form eines platonischen Körpers haben, wird die bisherige Auflistung der Eigenschaften der platonischen Körper bestätigt. Es gab jedoch keine Entdeckung von Eigenschaften, die in den vorhergehenden Betrachtungen nicht schon deutlich geworden wären.

Immerhin bestätigt dieser Befund, das die bisherigen Beschreibungen der fünf platonischen Körper zutreffend sind.

Die Eigenschaften der platonischen Körper

		Ecken der Flächen		
		3	*4*	*5*
Anzahl der Flächen, die sich an einer Ecke treffen	3	Tetraeder - *bildet zusammen mit Oktaedern einen geschlossenen Raum* - *viele Kontakte* - *dual zu sich selber* - *„Feuer"* - *wehrhaft* - *Trigon-Aspekt (verbindend)* - *Sextil-Aspekt (Gruppenbildung)*	Würfel - *bildet einen geschlossenen Raum* - *mittelviele Kontakte* - *druckresistent* - *dual zum Oktaeder* - *„Erde"* - *Quadrat (trennend, starr)*	Dodekaeder - *etwas kontaktscheu* - *goldener Schnitt => Entfaltung* - *Annäherung an eine Kugel* - *dual zum Ikosaeder* - *„Licht"* - *Tierkreis?*
	4	Oktaeder - *bildet zusammen mit Tetraedern einen geschlossenen Raum* - *mittelviele Kontakte* - *dual zum Würfel* - *„Luft"*		
	5	Ikosaeder - *wahrt Distanz* - *goldener Schnitt => Entfaltung* - *Annäherung an eine Kugel* - *dual zum Dodekaeder* - *„Wasser"*		

IV 4.   Zahlen

IV 4. a)   Zahlensymbolik

Bei der Betrachtung der platonischen Körper hat sich gezeigt, daß sie von den Zahlen „2", „3", „4" und „5" geprägt werden.

In der Astrologie sind die die Zahlen „1", „2", „3", „4" und „6" von großer Bedeutung:

- Ein ganzer Kreis entspricht der Teilung durch „1" und stellt den Winkel 0° und somit den Aspekt „Konjunktion" dar.
Dieser Aspekt hat die Qualität einer Identität.

- Ein halber Kreis entspricht der Teilung durch „2" und stellt den Winkel 180° und somit den Aspekt „Opposition" dar.
Dieser Aspekt hat die Qualität eine Gegensatz-Ergänzung.

- Ein Drittel-Kreis entspricht der Teilung durch „3" und stellt den Winkel 120° und somit den Aspekt „Trigon" dar.
Dieser Aspekt hat die Qualität einer Freundschaft.

- Ein Viertel-Kreis entspricht der Teilung durch „4" und stellt den Winkel 90° und somit den Aspekt „Quadrat" dar.
Dieser Aspekt hat die Qualität einer konstruktive Trennung.

- Ein Sechstel-Kreis entspricht der Teilung durch „6" und stellt den Winkel 60° und somit den Aspekt „Sextil" dar.
Dieser Aspekt hat die Qualität einer Gruppenbildung.

- Ein Zwölftel-Kreis entspricht der Teilung durch „12" und stellt den Winkel 30° und somit den Aspekt „Halbsextil" dar.
Dieser Aspekt hat die Qualität einer Weiterentwicklung.

- Der Quincunx-Aspekt, der 150° hat und einem 5/12-Kreis entspricht, scheint der „5" zu entsprechen.
Dieser Aspekt hat die Qualität des Bewahrens, der Weiterentwicklung und des Aufbaus einer Spannung.

Bei verschiedenen mathematisch-geometrischen Einteilungen von Flächen und Kugeloberflächen, bei der Rotation von Körpern, bei der Beschreibung von Kristallstrukturen und in einigen anderen ähnlichen Zusammenhängen hat es sich gezeigt, daß nur Drehungen um 360° (1/1 Kreis), 180° (1/2 Kreis), 120° (1/3 Kreis), 90° (1/4 Kreis) und 60° (1/6 Kreis) die Symmetrie erhalten können. Alle anderen Drehungen zerstören die Symmetrie.

Diese Winkel entsprechen den Winkeln der fünf wichtigsten astrologischen Aspekte, d.h. der Konjunktion, der Opposition, dem Trigon, dem Quadrat und dem Sextil.

Wenn man einen Körper um 72° rotiert, also um ein Fünftel-Kreis, können zwar neue Symmetrien entstehen, aber sie sind niemals periodisch, sondern entwickeln sich in unregelmäßiger Weise weiter.

Es hat somit den Anschein, als ob die Zahlen 1, 2, 3, 4 und 6 eine feste Symbolik hätten. Wenn man zum einen die Natur und zum anderen die verschiedenen Mythen nach dem Charakter dieser Zahlen durchforscht, erhält man eine erstaunlich einheitliche Beschreibung:

Zahlensymbolik		
Zahl	*Natur*	*Mythen*
1	Identität, Gravitation (einpolar), ruhender Zusammenhalt; astrologische Konjunktion	Gott, Ursprung, Tao
2	Gegensatz-Ergänzung, elektromagnetische Kraft (zweipolar); astrologische Opposition	Diesseits und Jenseits, Mann und Frau, Yin und Yang
3	Zyklus, Farbkraft (dreipolar), fließender Zusammenhalt; astrologisches Trigon	Plural, Zyklus, Jahreslauf, Sonne, Sonnengott
4	Form, Struktur, Trennung, rechter Winkel zwischen elektrischer Welle und magnetischer Welle; astrologisches Quadrat; Würfel	vier Richtungen, Stabilität, Weite, Freiheit
5	Verbindung des Pentagons/Pentagramms mit dem goldenen Schnitt	unklare Symbolik; tendenziell „Entwicklung"
6	Gruppenbildung, optimale Lagerung von Kugeln, Dichte, Bienenwaben, Schneeflocken; astrologisches Sextil	undeutliche Symbolik: tendenziell „Gruppe"
7	-	durch die sieben klassischen Planeten inspirierte Symbolik
8	-	durch das alte binäre Zahlensystem inspirierte Symbolik: „Vollständigkeit, Vollkommenheit"
9	-	Störung der Vollkommenheit der „8": „Tod"
10	-	neue Symbolik der Vollständigkeit durch das ägyptisch-minoische Dezimalsystem
11	-	-
12	zwölfgeteilter Kreis = kleineste Form des Superstrings; Tierkreis, astrologisches Halbsextil	neuere Symbolik der Vollkommenheit durch das mesopotamische Duodezimalsystem
13	-	Zerstörung der Vollkommenheit der „12" = „Unglück"

Wirklich eindeutig läßt sich von den platonischen Körpern nur der Würfel der „4"
zuordnen – die Zuordnungsmöglichkeiten der anderen Zahlen sind recht vage.

IV 4. b)   die Zahlen der platonischen Körper

Diese Zahlen-Symbolik kann man nun dazu benutzen, um zu schauen, ob man mit
ihrer Hilfe etwas über die platonischen Körper herausfinden kann.

Dazu ist es zunächst einmal notwendig, die grundlegende Bedeutung der Flächen,
Kanten, Ecken usw. zu betrachten, um dann aufgrund der mit ihnen bei einem
konkreten platonischen Körper verbundenen Zahl etwas aussagen zu können.

- Die Flächen der platonischen Körper sind ihre „Außenhaut". Sie sind das,
was ihren Kontakt zur Umwelt darstellt.

- Die Kanten zwischen diesen Flächen stellen den Zusammenhalt zwischen
diesen Flächen dar.

- Die Ecken zwischen diesen Flächen sind die Teile des platonischen Körpers, die am weitesten in den Raum hinausragen und daher auch am weitesten
von dem Mittelpunkt dieses Körpers entfernt sind.

- Die Anzahl der Ecken einer Fläche zeigt die Komplexität einer Fläche an.

- Die Anzahl der Flächen an einer Ecke zeigt, wieviele Flächen der platonische Körper an einer Stelle koordinieren und integrieren kann.

- Die Anzahl der platonischen Körper derselben Art, die an einer Ecke zusammenstoßen kann, stellt die Größe des Kontaktes innerhalb der Gemeinschaft dieser Körper dar. Sie ist bei den drei raumfüllenden platonischen
Körpern (Würfel, Tetraeder/Oktaeder) natürlich deutlich größer als bei den
beiden nicht-raumfüllenden platonischen Körpern (Ikosaeder, Dodekaeder).

- Die Anzahl der platonischen Körper derselben Art, die an einer Kante
zusammenstoßen kann, stellt ebenfalls die Größe des Kontaktes oder
Austauschs innerhalb der Gemeinschaft dieser Körper dar. Sie ist bei den drei
raumfüllenden platonischen Körpern (Würfel, Tetraeder/Oktaeder) wieder
deutlich größer als bei den beiden nicht-raumfüllenden platonischen Körpern
(Ikosaeder, Dodekaeder).

Hier noch einmal die Übersicht über die Zahlen der platonischen Körper:

Die Zahlen der platonischen Körper							
platoni-scher Körper	Ecken der Flächen	Flächen an einer Ecke	Anzahl der Flächen	Anzahl der Kanten	Anzahl der Ecken	Anzahl der an einer Ecke zusammenstoßenden Körper	Anzahl der an einer Kante zusammenstoßenden Körper
Ikosaeder	3	5	20	30	12	2	2
Oktaeder	3	4	8	12	6	6	3
Tetraeder	3	3	4	6	4	24	6
Würfel	4	3	6	12	8	8	4
Dodekaeder	5	3	12	30	20	2	2

Anzahl der Ecken einer Fläche

Die Anzahl der Ecken einer Fläche ist bei den fünf platonischen Körpern:

Tetraeder: 3
Oktaeder: 3
Ikosaeder: 3
Würfel: 4
Dodekaeder: 5

Tetraeder, Oktaeder und Ikosaeder sollten daher sehr schlicht aufgebaut sein, der Dodekaeder am komplexesten. Das paßt dazu, daß der Tetraeder der Lagerungsform von Kugeln entspricht.

Der Dodekaeder sollte von dem Aufbau seiner fünfeckigen Flächen her gesehen in seiner Wirkung am komplexesten sein. Das paßt gut zu seiner Verwandtschaft mit dem goldenen Schnitt und seiner Entwicklungs-Qualität.

=> Der Tetraeder ist in seinem Selbstausdruck am schlichtesten (enge Zusammenlagerung gleicher Individuen).

=> Der Dodekaeder ist in seinem Selbstausdruck am komplexesten (Entiwcklung, Wachstum, Entfaltung).

Anzahl der Flächen an einer Ecke

Die Anzahl der Flächen an einer Ecke zeigt, wieviele Flächen der platonische Körper an einer Stelle koordinieren und integrieren kann.

Tetraeder: 3
Würfel: 3
Dodekaeder: 3
Oktaeder: 4
Ikosaeder: 5

Der Ikosaeder hat offenbar die größte Fähigkeit, die eigenen Außenflächen an einem Punkt zu koordinieren. Man sollte daher annehmen, daß der Ikosaeder die differenzierteste Außenwirkung hat. Dies ist z.B. bei den DNS-Hüllen der Viren der Fall.

=> Der Ikosaeder hat die differenzierteste Außenwirkung.

Anzahl der Flächen

Die Vielfalt der Außenkontakte (Anzahl der Flächen) nimmt in der folgenden Weise zu:

Tetraeder: 4
Würfel: 6
Oktaeder: 8
Dodekaeder: 12
Ikosaeder: 20

Wenn die Auffassung der Flächen als „Außenhaut" zutreffend ist, hat der Ikosaeder den vielfältigsten Kontakt nach außen und der Tetraeder den schlichtesten Kontakt.

Der Ikosaeder als Hülle von Viren und Radiolaren würde dazu gut passen.

Auch der Tetraeder als die Form der Anordnung von gleichgroßen Kugeln wie z.B. den Protonen und Neutronen paßt dazu, weil die Kugeln in einem Verband von Kugeln nur einen geringen Außenkontakt, aber viele innere Kontakte zu anderen Kugeln haben.

=> Der Ikosaeder hat die vielfältigsten Außenkontakte.
=> Der Tetraeder hat die geringsten Außenkontakte.

Anzahl der Kanten

Die Kanten zwischen den Flächen eines platonischen Körpers stellen den Zusammenhalt zwischen diesen Flächen dar.

Tetraeder:	6
Würfel:	12
Oktaeder:	12
Dodekaeder:	30
Ikosaeder:	30

Da immer zwei Flächen an einer Kante zusammenstoßen, sagt die Anzahl der Kanten letztlich nur etwas über die Komplexität des platonischen Körpers aus, der jedoch bereits durch die Anzahl der Flächen ausgedrückt wird. Hier gibt es folglich keine neuen Hinweise.

Anzahl der Ecken

Die Ecken zwischen diesen Flächen sind die Teile des platonischen Körpers, die am weitesten in den Raum hinausragen und daher auch am weitesten von dem Mittelpunkt dieses Körpers entfernt sind.

Tetraeder:	4
Oktaeder:	6
Würfel:	8
Ikosaeder:	12
Dodekaeder:	20

Die Anzahl der Ecken hängt sowohl von der Anzahl der Flächen als auch von der Anzahl der Ecken dieser Flächen ab.

Einerseits werden die Ecken mit der Komplexität des platonischen Körpers mehr, andererseits werden sie dabei auch stumpfer.

Der Tetraeder hat somit die wenigsten und spitzesten Ecken. Diese Eigenschaft hat zu der Zuordnung des Tetraeders zu dem stechend-schmerzenden Feuer geführt.

Der Dodekaeder hat die meisten und flachsten Ecken. Er ist sozusagen am freundlichsten, da seine Ecken am wenigsten spitz stechend sind. Das paßt durchaus zu seiner Zuordnung zu der Quintessenz (Licht).

=> Der Tetraeder hat sie spitzesten Ecken und ist daher am „wehrhaftesten" und am „schmerzendsten" (Zuordnung zum Feuer).

=> Der Dodekaeder hat die flachsten Ecken und ist daher am freundlichsten.

Anzahl der an einer Ecke zusammenstoßenden Körper

Die Anzahl der platonischen Körper derselben Art, die an einer Ecke zusammenstoßen können, stellt die Größe des Kontaktes innerhalb der Gemeinschaft dieser Körper dar. Sie ist bei den drei raumfüllenden platonischen Körpern (Würfel, Tetraeder/Oktaeder) natürlich deutlich größer als bei den beiden nicht-raumfüllenden platonischen Körpern (Ikosaeder, Dodekaeder).

Dodekaeder:	2
Ikosaeder:	2
Oktaeder	6
Würfel:	8
Tetraeder (wie Kugeln):	12
Oktaeder/Tetraeder:	12

Die Tetraeder/Oktaeder-Kombination hat offenbar den weitaus größten inneren Zusammenhalt.

Wenn man den Tetraeder alleine betrachtet, also die dichteste Anordnung von vielen gleichgroßen Kugeln, findet man dieselbe Anzahl von Kontakten zu den umliegenden Kugeln.

Es fällt auf, daß sich hier die „12" findet, die auch die Zahl des Tierkreises ist. Ob dies eine tiefere Bedeutung hat, bleibt zunächst unklar.

Der Würfel hat den größten inneren Zusammenhalt, wie sich an der Möglichkeit zeigt, aus Quader-förmigen Steinen ohne jedes Bindemittel eine Mauer aufzuschichten.

Dodekaeder und Ikosaeder können sich nicht so aneinanderlagern, daß sie alle Hohlräume zwischen sich ausfüllen. Hier ist der Zusammenhalt zwischen mehreren Exemplaren dieser platonischen Körper folglich sehr gering.

=> Eine Gruppe von Tetraedern hat den größten, aber nicht raumfüllenden inneren Zusammenhalt.

=> Eine Gruppe von Tetraedern und Oktaedern im Mischungsverhältnis von 2:1 hat einen genauso großen Zusammenhalt.

=> Eine Gruppe von Würfeln hat einen recht großen inneren Zusammenhalt und ist zudem noch alleine raumfüllend.

=> Eine Gruppe von Ikosaedern ist eine lose Ansammlung von Individuen.

=> Eine Gruppe von Dodekaedern ist ebenfalls eine lose Ansammlung von Individuen.

Anzahl der an einer Kante zusammenstoßenden Körper

Die Anzahl der platonischen Körper derselben Art, die an einer Kante zusammenstoßen kann, stellt ebenfalls die Größe des Kontaktes innerhalb der Gemeinschaft dieser Körper dar – vermutlich noch etwas deutlicher als die Anzahl der Ecken, weil eine Kante eine Länge hat. Sie ist bei den drei raumfüllenden platonischen Körpern (Würfel, Tetraeder/Oktaeder) natürlich deutlich größer als bei den beiden nicht-raumfüllenden platonischen Körpern (Ikosaeder, Dodekaeder).

Ikosaeder:	2
Oktaeder:	3
Dodekaeder:	3
Würfel:	4
Oktaeder/Tetraeder:	4
Tetraeder:	5

Die Anzahl der Körper, die an derselben Kante zusammenstoßenden können, läßt sich aus dem Winkel zwischen zwei Flächen eines platonischen Körpers ersehen. Ein Kreis hat 360°, weshalb die Summe der Winkel an einer Kante, d.h. die Anzahl der platonischen Körper, die sich dort treffen, nicht mehr als 360° betragen kann.

Ikosaeder:	138°	· 2	= 276°	Restlücke:	84°
Oktaeder:	109°	· 3	= 321°	Restlücke:	39°
Dodekaeder:	117°	· 3	= 351°	Restlücke:	9°
Würfel:	90°	· 4	= 360°	Restlücke:	0°
Tetraeder:	71°	· 5	= 355°	Restlücke:	5°

Hier zeigt der Tetraeder den größten Zusammenhalt. Den zweitgrößten Zusammenhalt hat der Würfel, der zudem auch noch raumfüllend ist. Ebensogroß ist der Zusammenhalt bei der Kombination von 1 Oktaeder je 2 Tetraedern.

Der Dodekaeder kann mit einer Kante zwei andere Dodekaeder gleichzeitig berühren. Der Ikosaeder wahrt den größten Abstand zu seinen Artgenossen: Er kann mit seiner Kante immer nur die Kante eines einzigen anderen Ikosaeders berühren.

Hier finden sich – wie so oft bei den platonischen Körpern – wieder einmal die Zahlen „2", „3", „4" und „5".

=> Diese Zahlen bestätigen die vorige Betrachtung.

Zusammenfassung der Betrachtung der Zahlen der platonischen Körper

Durch diese Betrachtungen haben sich die folgenden Eigenschaften der platonischen Körper ergeben:

- Der Ikosaeder hat die differenzierteste Außenwirkung und die vielfältigsten Außenkontakte. Eine Gruppe von Ikosaedern ist eine lose Ansammlung von Individuen.

- Der Oktaeder hat in der Kombination mit Tetraedern ebenfalls einen großen Zusammenhalt.

- Der Tetraeder ist in seinem Selbstausdruck am schlichtesten und hat die wenigsten Außenkontakte. Daher hat eine Gruppe von Tetraedern den größten inneren Zusammenhalt. Der Tetraeder hat die spitzesten Ecken und ist daher nach außen hin am „wehrhaftesten" und am „schmerzendsten".

- Eine Gruppe von Würfeln hat einen recht großen inneren Zusammenhalt.

- Der Dodekaeder ist in seinem Selbstausdruck am komplexesten. Daher ist eine Gruppe von Dodekaedern eine lose Ansammlung von Individuen. Trotzdem ist der Dodekaeder nach außen hin am freundlichsten.

Die Liste mit den Eigenschaften der platonischen Körper läßt sich somit noch einmal ergänzen und einige der schon aufgeführten Eigenschaften lassen sich etwas präziser fassen:

Die Eigenschaften der platonischen Körper			
	Ecken der Flächen		
	3	*4*	*5*
Anzahl der Flächen, die sich an einer Ecke treffen **3**	Tetraeder - *raumfüllend* - *viele Innen-Kontakte* - *großer Gruppen-Zusammenhalt* - *dual zu sich selber (introvertiert)* - *Trigon (verbindend)* - *Sextil (Gruppenbildung)* - *schlichter Selbstausdruck* - *wenig Außenkontakte* - *wehrhaft* - „*Feuer*"	Würfel - *raumfüllend* - *großer Gruppen-Zusammenhalt* - *Quadrat (trennend, starr)* - *druckresistent* - *mittelviele Kontakte* - *dual zum Oktaeder* - „*Erde*"	Dodekaeder - *etwas kontaktscheu* - *Individuum* - *komplexer Selbstausdruck* - *goldener Schnitt => Entfaltung* - *Annäherung an eine Kugel* - *freundlich* - *dual zum Ikosaeder* - „*Licht*" - *Tierkreis?*
4	Oktaeder - *raumfüllend* - *mittelviele Kontakte* - *dual zum Würfel* - „*Luft*"		
5	Ikosaeder - *wahrt Distanz* - *Individuum* - *goldener Schnitt => Entfaltung* - *differenziert nach außen hin* - *Annäherung an eine Kugel (großes Volumen)* - *dual zum Dodekaeder* - „*Wasser*"		

Aus diesen analytisch erschlossenen und empirisch beobachteten Eigenschaften läßt sich nun schon ein etwas detailliertes und markanteres Bild der fünf platonischen Körper zeichnen:

Der **Ikosaeder** ist ein Individuum, das die Distanz zu anderen Individuen seiner Art wahrt. Es hat einen differenzierten Selbstausdruck und strebt seine eigene Entfaltung und seine ständige Weiterentwicklung an. Er hat ein großes Volumen im Verhältnis zu seinem Radius, d.h. er strebt nach viel Substanz und Besitz.

Sein Bruder und Freund ist der Dodekaeder.

Er wird traditionell dem Element Wasser gleichgesetzt.

Der **Oktaeder** kann zusammen mit dem Tetraeder große raumfüllende Gemeinschaften bilden und hat mittelviele Kontakte.

Sein Bruder und Freund ist der Würfel.

Er wird traditionell dem Element Luft gleichgesetzt.

Der **Tetraeder** bildet gerne große Verwandten-Gemeinschaften, denn er hat viele Kontakte innerhalb seiner Familie, wodurch ein großer Familien-Zusammenhalt entsteht. Aufgrund seiner Familien-Bezogenheit hat er nur wenig Kontakte zu anderen außerhalb seiner Familie und auch sein Selbstausdruck ist eher schlicht. Er kann nur zusammen mit den Oktaedern raumfüllende Gemeinschaften bilden. Er ist wehrhaft.

Er bleibt unter seinesgleichen und hat keinen Bruder und Freund außerhalb seiner Gruppe.

Er wird traditionell dem Element Feuer gleichgesetzt. Dieses Feuer scheint angesichts dieser Charakterisierung eher eine innere Glut als äußere Flammen zu sein.

Der **Würfel** kann große raumfüllende Gemeinschaften bilden und hat dabei einen großen Gruppen-Zusammenhalt, der starr-konstruktiv, druckresistent und trennend ist. Er hat nur mittelviele Außenkontakte.

Sein Bruder und Freund ist der Oktaeder.

Er wird traditionell dem Element Erde gleichgesetzt.

Der **Dodekaeder** ist ein Individum, das Distanz zu anderen Individuen bewahrt. Er hat einen komplexen Selbstausdruck und strebt eine runde, vollständige Selbstverwirklichung sowie seine ständige Weiterentwicklung an. Trotzdem ist er ausgesprochen freundlich. Auch er hat ein großes Volumen im Verhältnis zu seinem Radius und strebt daher nach Besitz und selbstbestimmtem Raum.

Sein Bruder und Freund ist der Ikosaeder.

Er wird traditionell dem Element Licht bzw. der Quintessenz gleichgesetzt.

V Die platonischen Körper in der Magie-Tradition

Nachdem der Charakter der platonischen Körper nun schon recht deutlich geworden ist, kann man auch einmal ihre Bedeutung in der Magie betrachten. Dabei läßt sich feststellen, daß sich dazu erstaunlich wenig findet.

In der Meditations-Tradition scheinen die platonischen Körper überhaupt nicht vorzukommen.

V 1. a) Ikosaeder

Für den Ikosaeder findet sich nur seine Zuordnung zu dem Element Wasser durch die Griechen.

V 1. b) Oktaeder

Der Oktaeder ist von den Griechen der Luft zugeordnet worden – wobei man den Eindruck gewinnen kann, daß am Ende der Zuordnungen ganz einfach „Luft" und „Oktaeder" übriggeblieben sind und man die beiden lediglich deshalb einander zugeordnet hat. Eine überzeugende Beschreibung des Zusammenhangs ist nicht zu finden.

Ein „halber Oktaeder" ist eine Pyramide. Diese Form findet sich als Symbol der Weltmitte, als Schutzform in einem Ritual des zypriotischen Heilers Daskalos sowie als Projektionsfläche für verschiedene Symbole in der Enochia-Magie – wobei es sich da lediglich um einen Pyramidenstumpf handelt, der von einem Oktaeder schon sehr weit entfernt ist.

V 1. c) Tetraeder

Dem Tetraeder ist von den Griechen das Element Feuer zugerodnet worden.

V 1. d) Würfel

Der Würfel ist von den Griechen dem Element Erde zugeordnet worden.

Das Kleine Pentagramm-Ritual und das Große Pentagramm-Ritual stellen einen Schutz nach den sechs Seiten hin dar. Sie sind folglich ein würfelförmiges Mandala: einen Kreis unten, vier Pentagramme in den vier Richtungen und ein Hexagramm oben. Mit diesen Ritualen werden die vier Elemente angerufen.

Auch die Hexagramm-Rituale, mit denen die Planeten angerufen werden, haben diese sechs Seiten, die jedoch meistens auf die vier Himmelsrichtungen reduziert werden.

Der Würfel stellt manchmal einen Altar oder ein Fundament dar und erscheint manchmal auch als Tisch in der alchemistischen Symbolik.

V 1. e) Dodekaeder

Der Dodekaeder ist zwar eng mit dem Pentagramm verwandt, aber wird selber lediglich als Form des Grundsteins bei der Gründung einer Waldorfschule, eines Waldorfkindergartens oder einer ähnlichen anthroposophischen Einrichtung verwendet.

Der Dodekaeder wurde im Mittelalter dem Licht bzw. der Quintessenz zugeordnet.

V 1. f) Zusammenfassung

Warum finden sich diese fünf Formen, die doch so markant sind und sich von der Antike bis ins Mittelalter hinein in der Symbolik finden, nicht auch in der Magie?

Liegt dies schlicht daran, daß sich ein Kreis, ein Quadrat, ein Dreieck, eine Kugel und ein Würfel leichter imaginieren lassen als ein Dodekaeder oder ein Ikosaeder? Das ist noch nicht so ganz überzeugend, denn auch die präzise Imagination eines Pentagramms ist ja schon eine gewissen Herausforderung …

Es ist im Grunde noch nicht einmal sicher bekannt, welche Wirkungen die fünf platonischen Körper haben, wenn man sie intensiv imaginiert.

Eigentlich sollte das das doch jeden Magie-Forscher und jede Magie-Forscherin neugierig machen …

VI Traumreisen zu den platonischen Körpern

Der erste naheliegende Schritt, um etwas Unbekanntes kennenzulernen, ist seine Betrachtung in der Natur, der zweite Schritt die analytische Betrachtung der Gestalt dieses Unbekannten, und der dritte Schritt wäre dann eine Traumreise zu diesem Unbekannten. Diese drei Schritte müssen natürlich nicht unbedingt in dieser Reihenfolge stattfinden und können auch parallel zueinander gegangen werden.

In diesem Kapitel folgen nun Traumreisen zu den fünf platonischen Körpern, um Ansätze für die weitere Erforschung ihrer Bedeutung in der Magie und letztlich dann auch für ihre Anwendung in der Magie zu finden.

Denkbar wäre da vieles, aber es muß erforscht werden, damit man es sicher und auf lebenserleichternde Weise anwenden kann.

Es ist z.B. vorstellbar, daß der Tetraeder für die Kundalini-Erweckung gut geeignet ist. Dafür wird normalerweise ein spitzes, aufrechtes, rotes Dreieck verwendet. Ich habe bei meinen eigenen Meditationen festgestellt, daß ein roter Kegel effektiver ist als ein rotes Dreieck. Solch einen Kegel erhält man, wenn man ein aufrechtes Dreieck um seine senkrechte Achse rotieren läßt – der Kegel ist also ein „3D-Dreieck". Der Tetraeder ist eine symmetrische Form, die nur aus Dreiecken besteht – sollte sie daher nicht noch besser für die Erweckung der Kundalini im Wurzelchakra geeignet sein als das Dreieck und der Kegel?

Falls es sich herausstellen sollte, daß der Tetraeder tatsächlich eine effektive Imagination für die Kundalini-Erweckung sein sollte, könnte man sich natürlich fragen, inwieweit die anderen vier platonischen Körper vielleicht auch eine Verwandtschaft zu dem einen oder anderen Chakra haben.

Um das alles herausfinden zu können, sind die Traumreisen zu den einzelnen platonischen Körpern der nächste sinnvolle Schritt.

VI 1. Erste Traumreisen

VI 1. a) Erste Traumreise zum Tetraeder

Das ist meine erste Traumreise zu einem der platonischen Körpern gewesen.

„Hallo Tetraeder – ich würde Dich gerne besser kennenlernen.“
„Warum?“
Er hat eine sachlich-trockene Stimme – sehr schlicht und irgendwie bodenständig, entspannt auf das Wesentlich ausgerichtet ...
„Ich habe den Eindruck, daß ihr platonischen Körper schon recht besondere geometrische Körper seid und Eigenschaften habt, die mir nicht ganz klar sind – und die vermutlich auch allgemein nicht besonders bewußt sind. Diese Eigenschaften würde ich gerne kennenlernen und wenn möglich, nutzen.“
„Das ist eine plausible und ausreichende Motivation.“
„Du klingst ein bißchen wie die Kornkreise, wenn ich zu ihnen Traumreisen unternommen habe.“
„Wir sind beide geometrische Gebilde.“
„Ja – ich habe deshalb einen solchen Stil mehr oder weniger schon erwartet. ... Doch wie kann ich Dich kennenlernen?“
„Schauen.“
„Hm – soll ich mir Dich von außen oder von innen her anschauen?“
„Erst von außen, dann von innen.“
„Gut ... dann schaue ich jetzt mal ... Da ist sofort ein klares, farbiges Bild ... scharfe kantenspitze Ecken ... Konzentration, aber mühelos – sie liegt sozusagen in Deinem Wesen ... da ist so etwas wie ein 'ausgewogener Druck' – eine komische Sache ... Wie Druck von innen nach außen und zugleich ein Zusammenziehen nach innen hin – und beides hält sich die Waage und es verhindert zudem, daß Dich äußere Einflüsse groß beeinflussen können ... Du läßt Dich nicht durch äußere Dinge irritieren ... Deine Spitzen senden Strahlen aus – die Strahlen gehen von Deiner Mitte aus durch Deine vier Spitzen nach außen ... irgendwie schaffst Du Raum um Dich und machst Deine Umgebung hell ... seltsam ...
Ich gehe mal in Dich hinein ...“
„Halt! Da fehlt noch was – schaue.“
„O.k. ... Wenn ich vor einer Deiner Flächen bin, passiert was Komisches: Ich werde angezogen, aber auch ferngehalten, es entsteht eine Verbindung zu mir und da ist so etwas wie eine Einladung von Dir an mich ...“
„Das war es, was noch gefehlt hat.“

„O.k. ... dann gehe ich jetzt in Dich hinein ... ich gehe durch eine Seite in Dich hinein ... da ist ein Druck, ein angenehmer Druck, mehr so ein Gefülltsein, ein Erfülltsein ... in mir entsteht sofort eine Gedankenstille – die ist ausgesprochen stabil und geradezu natürlich ... ich bin präsent, aber ich tue nichts, da sind keine Impulse, aber da ist Potential ... ich bleibe mal eine Weile in der Gedankenstille ... ...

Erstaunlich ... ich habe sehr intensiv die Grenze zwischen dem Bereich des Dritten Auges und des Scheitelchakras gespürt – diese Linie oben quer an der Stirn, die seitlich bis über die Ohren und dann weiter nach hinten reicht ... Diese Grenze und dieses Zwischenchakra habe ich noch nie zuvor so deutlich spüren können, auch wenn ich gewußt habe, daß es dort eine solche Grenze und ein solches Zwischenchakra gibt ... Was hat das mit dem Tetraeder zu tun? Selbst jetzt, wo ich dies aufschreibe, fange ich wieder an, diese Grenze zu spüren ...

Kannst Du mir etwas dazu sagen, Tetraeder?"

„Nein, keine Worte – Erlebnisse."

„Hast Du einen Tipp, wie ich noch zu anderen Erlebnissen kommen kann?"

„Keine Technik – Wachstum."

„Hm – ich soll einfach schauen ... und schauen, was sich entwickelt?"

„Ja, das macht gesund – alles andere macht krank."

„O.k. – dann schaue ich noch mal ein bißchen ... ... die Wahrnehmung der Linie oben quer auf der Stirn wird immer deutlicher ... es kommt noch eine kleine Fläche oben auf dem Kopf mit demselben 'sich entfaltenden' Gefühl hinzu, dann ein großer Teil des vorderen Kopfes – das ist nun das Gefühl des sich entfaltenden Scheitelchakras – aber nur vorne ... auch jetzt, wo ich dies schreibe, bleibt dieses Gefühl da ... ich schaue noch mal weiter ... ...

Es kommt wieder dieselbe Wahrnehmung an der Stirn und am Scheitelchakra – weniger intensiv, aber dafür jetzt auf der ganzen vorderen Scheitelchakra-Hälfte ... warum eigentlich nur vorne? Ich sitze so in dem Tetraeder, daß ich vor mir auf eine aufrechte Kante schaue und hinter mir eine aufrechte Fläche habe – ich sitze auf einem Dreieck, dessen Spitze vor mir ist ... Was passiert, wenn ich eine Fläche vor mir und eine Kante hinter mir habe? ... ...

Das hat ganz schnell eine andere Wirkung – jetzt spüre ich diese Kopf-Linie auch hinten und kurz darauf auch mein gesamtes Scheitelchakra ... auf diese Weise in dem Tetraeder zu sitzen, fühlt sich komisch an – mit der Kante vorne und der Fläche hinten fühlt sich das richtiger an – so als ob dann die aktive Seite des Tetraeders vorne sei ...

Und wenn der Tetraeder um seine senkrechte Achse rotiert? ... ... Interessant – er rotiert mit ca. 6 Umdrehungen pro Sekunde ... das ist die Frequenz des EEGs im Traumzustand und die Frequenz der Lebenskraft – das ist auch die Frequenz des Lachens, des Weinens, des Orgasmusreflexes, des natürlichen Vibratos der Stimme, des Zitterns und vieler ähnlicher Vorgänge mehr ...

O.k. ... also welche Wirkung hat das? ... der Tetraeder rotiert rechts herum, also im Uhrzeigersinn – das regt das Scheitelchakra an und es läßt die Wahrnehmung der Sushumna, also des senkrechten Lebenskraftkanals in der Körpermitte entstehen ...

Und wenn der Tetraeder andersherum rotiert? ... dann entsteht eine Ausrichtung nach unten hin, ich spüre mein Halschakra sehr deutlich, obwohl das normalerweise das Chakra ist, das ich am wenigsten spüren kann ... ich sehe die Erde unter mir, ich blicke durch sie hindurch und sehe die Lava in der Erde, den glühenden Eisen/Nickel-Kern, der das Wurzelchakra der Erde ist ...

Auch beim Rotieren entsteht die Gedankenstille, dieses 'einfach da sein' ...

Ich glaube, ich höre jetzt erst einmal auf.

„Danke Tetraeder!"

„Bitte. Du bist willkommen."

„Danke. ... Ho!"

Das ist ja jetzt auf jeden Fall mal ein vielversprechender Anfang gewesen.

VI 1. b)   Zweite Traumreise zum Tetraeder

Was passiert, wenn ich unter mir eine Ebene von Tetraedern imaginiere? Damit meine ich eine Fläche, auf der sich ein Tetraeder neben dem anderen befindet, sodaß sie an jeder Stelle mit einem Tetraeder bedeckt ist, d.h. daß sie sozusagen 'stachelig' geworden ist – diese Tetraeder sind dann auf dieser Fläche in Hexagonen angeordnet, die Grundfläche besteht dann aus lauter Dreiecken.

Ich schaue mir das jetzt mal an: ... ... ich will nicht nach da unten runter, weil die Fläche so spitz ist ... sie hat eine komische Eigenschaft: so etwas wie ein 'hitzefreies Glühen' ... sie scheint auch so etwas wie einen Druck auszusenden, der mich über ihr schweben läßt ... sie hält mich fern ...

Was passiert, wenn ich in einen großen Körper hineingehe, der ganz aus Tetraedern aufgebaut ist? ... ... das fühlt sich an wie in einem Atomkern oder wie in einem Neutronenstern – dort sind die Protonen und Neutronen ja auch in Tetraederform angeordnet ... Es gibt viele verschiedene Richtungen hier drinnen – eben alle möglichen Kantenrichtungen ... wieviele sind das? So um die 20? ... hier gibt es vor allem ein auf vielfältige Weise zusammenhängendes Innen, aber kaum eine Außen-wahrnehmung ... hier ist auch die Stille, aber sie ist nicht so tief wie in einem einzel-nen Tetraeder – es ist sozusagen ein 'Chor von Stille' und kein 'Solo von Stille' ...

„Möchtet ihr mir vielleicht etwas sagen, Tetraeder?"

„Nein. Schaue."

„Ja gut, das habe ich ja jetzt gemacht. Gibt es da noch mehr zu sehen?"

„Die Wahrnehmung ist endlos.“

„Aber sie geht vom Wesentlichen zunehmend ins Detail und in Varianten des bereits Bekannten?“

„Ja.“

„Aber die Essenz habe ich noch nicht erkannt?“

„Nein.“

„Erkenne ich die erst im Vergleich mit den anderen plantonischen Körpern?“

„Ja.“

„Gut – dann werde ich da weitermachen. ... Danke!“

„Bitte.“

„Ho!“

Ich habe mal nachgeprüft, wieviele Richtungen es in einem Raum gibt, der vollständig von Tetraedern (Kugel-Lagerung), Tetraeder/Oktaedern oder Würfeln ausgefüllt ist.

Bei einem mit Würfeln gefülltem Raum ist dies leicht zu erkennen: Da sind es 3 Richtungen: vorne/hinten, links/rechts und oben/unten – die bekannten 3 Dimensionen.

In einem von Kugeln dicht gefüllten Raum, dessen Kugel-Anordnung dem Tetraeder verwandt ist, gibt es 9 Richtungen: 3 Richtungen in einer Ebene plus 3 Richtungen nach oben aus dieser Ebene heraus und 3 Richtungen nach unten aus dieser Ebene heraus (und nicht ca. 20 Richtungen, wie ich eben auf der Traumreise vermutet habe).

Ein mit Tetraedern und Oktaedern gefüllter Raum hat 6 Richtungen.

- Würfel:	3
- Oktaeder/Tetraeder:	6
- Tetraeder (Kugel-Lagerung):	9

Offenbar ist ein mit Würfeln gefüllter Raum am schlichtesten und daher auch gegen Druck von außen her am stabilsten.

Die dem Tetraeder verwandte Kugel-Lagerung entsteht, wenn gleichgroße Kugeln zueinander hin gezogen werden (Gravitation im Neutronenstern, Farbkraft im Atomkern).

Die kombinierte Oktaeder/Tetraeder-Anordnung findet sich vor allem in Kristallen, also dort, wo die elektromagnetische Kraft Ionen zu einander hin zieht.

Die Kugel-Lagerung neigt zur Bildung von Kugeln (alles wird zu dem gemeinsamen Zentrum hingezogen).

Die kombinierte Oktaeder/Tetraeder-Anordnung führt zu einem Wachstum nach außen hin (Kristalle).

Die Würfel-Anordnung ermöglicht einen Aufbau senkrecht und waagerecht zu der jeweils stärksten Kraft (in der Regel die Gravitation wie z.B. beim Aufschichten einer Mauer aus Backsteinen).

Es ergeben sich folglich drei verschiedene Qualitäten:

- Tetraeder (Kugel-Lagerung): Kugel (Gravitation, Farbkraft)
- Oktaeder/Tetraeder: Wachstum (elektrische Anziehung, Ionen)
- Würfel: Aufbau, Konstruktion (Gravitation)

VI 1. c)   Erste Traumreise zum Oktaeder

Nach den beiden Traumreisen zu dem Tetraeder mache ich nun eine Traumreise zu dem Oktaeder.

„Hallo Oktaeder – ich würde Dich gerne besser kennenlernen und verstehenlernen. Magst Du mir etwas über Dich erzählen?"

„Schauen."

„Wie beim Tetraeder? Erst von außen, dann von innen?"

„Ja."

„O.k. ... Du bist anders als der Tetraeder – Du bist ein dreifacher Dipol: Bei Dir weisen immer zwei Spitzen in eine entgegengesetzte Richtung. ... Das schafft eine klare Orientierung im Raum – ein 3D-Gefühl ... und eine gewisse Spannung und auch einen deutlich stärkeren Außenkontakt als beim Tetraeder. ... In Dir liegt eine gewisse Ruhe – Ruhe, aber nicht Stille wie beim Tetraeder ... Während der Tetraeder einen Innendruck zu haben scheint, kann ich bei Dir eine statische Stabilität spüren, also eine Würfel-ähnliche Qualität ...

Ich gehe mal in Dich hinein ... ... ich habe zunächst eine Seitenfläche flach vor mir und eine flach hinter mir imaginiert, aber das fühlt sich nicht richtig an – als ich dann eine Spitze des Oktaeders vor und hinter mir imaginiert habe, paßte das deutlich besser ... nun weist jeweils eine der sechs Spitzen des Okataeders nach oben, unten, links, rechts, vorne und hinten ... das fühlt sich stimmig an ...

Hm ... das scheint mit den Hauptpunkten auf der Aura zusammenzühängen: der Verbindung vom Herzchakra aus über das Scheitelchakra nach oben (Inspiration), der Verbindung vom Herzchakra aus über das Wurzelchakra nach unten (Kraft, Kundalini), der Verbindung vom Herzchakra aus nach hinten (Unterstützung durch die Eltern), der Verbindung vom Herzchakra aus nach vorne (eigene Ziele im Leben), der

Verbindung vom Herzchakra aus nach rechts zum 'heilen inneren Mann' und der Ver-bindung vom Herzchakra aus nach links zur 'heilen inneren Frau'.

So habe ich den Oktaeder bisher noch nicht gesehen – bislang habe ich diese Punk-te immer auf der Kugel-förmigen oder Ei-förmigen Außenfläche des Lebenskraftkör-pers ('Aura') gesehen. Der Oktaeder bringt sehr viel mehr Konzentration in diese sechs Punkte als ihre Darstellung auf einer Kugel, die durch drei Kreise strukturiert ist, die sich vorne, hinten, oben, unten, links und rechts schneiden.

Das schaue ich mir jetzt mal noch länger an ... Das ist eine gelassene Innen/Außen-Unterscheidung, für die keinerlei Anstrengung notwendig ist ... das ist ausgesprochen angenehm ... da entsteht in mir ein leichtes Lächeln – ein Lächeln der Selbstgewiß-heit und der Selbstsicherheit ... Schau einer an, was man hier alles finden kann! Damit habe ich ja nun garnicht gerechnet ...

Was bedeutet das eigentlich, daß die Oktaeder zusammen mit den Tetraedern raum-füllend sind?"

„Schau es Dir an ... "

„O.k. ... dann schaue ich wieder erst einmal von außen, dann von innen ... also ein Gefüge aus Oktaedern und Tetraedern im Verhältnis 1:2 ... das ist eine Verbindung der Struktur, der Selbstzentriertheit und der Abgrenzung des Oktaeders mit der dop-pelten Menge an der Energie und der Stille des Tetraeders ...

Wie wirkt das zusammen? ... Jede Seite eines Oktaeders berührt die Seite eines Tetraeders und jede Seite eines Tetraeders berührt die Seite eines Oktaeders ... da der Oktaeder acht Seiten hat und der Tetraeder nur 4, muß das Verhältnis der Anzahl dieser platonischen Körper 2:1 sein ... Es gibt hier also eine Isolation der beiden platonischen Körper voneinander wie bei den Ionen in einem Kristall – Ionen mit gleicher Ladung berühren sich nicht gegenseitig ...

O.k. ... und die Qualität, die das hat? ... ein lockerer Zusammenhalt ... ...

Hm – ich schaue mir das mal von innen her an ... ... wenn ich in einem Oktaeder sitze, bin ich von acht Tetraedern umgeben ... das fühlt sich richtig an – als ob das meine Identität wahren würde ...

Ich werde das Gefühl nicht los, daß da noch etwas ist, was ich bisher übersehen habe ... Na gut, dann werde ich erst einmal zu den anderen platonischen Körpern reisen – vielleicht finde ich da ja etwas, was mir neue Ideen gibt, wo oder wie ich schauen muß, um das sehen zu können, was mir da noch verborgen zu sein scheint.

Vielen Dank, Oktaeder!"

„Bitte."

„Ho."

In dem Oktaeder/Tetraeder-Raum ist die Form des Oktaeders achtmal von der Kraft des Tetraeders umgeben und der Tetraeder ist viermal von der Form des Oktaeders umgeben.

VI 1. d)   Erste Traumreise zum Würfel

„Hallo Würfel – magst Du mir etwas über Dich erzählen oder soll ich auch bei Dir einfach schauen."

„Gerade, eckig, geordnet, starr, stabil, geformt, fügbar, fest."

„Ah ... das ist ja schon recht viel ... meinst Du mit 'fügbar', daß Würfel raumfüllend kombinierbar sind?"

„Ja."

„Auf jeden Fall scheinst Du etwas gesprächiger zu sein als der Tetraeder und der Oktaeder. ... Gut, dann schaue ich mal. ... ... Der Anblick ist vertraut ... viel mehr als bei allen anderen platonischen Körpern ... es wirkt kühl, sachlich, statisch, getrennt ... ruhig dastehend ... Du hast im Gegensatz zu den beiden anderen eine Standfläche – hm, eigentlich hat der Tetraeder die ja auch, aber bei Dir wirkt das anders ... bei Dir geht es nach oben hin weiter – Du bist stapelbar ...

Ich gehe mal in Dich hinein ... ... der Oktaeder wirkte wie meine 'Lebenskraft-Haut', Du wirkst hingegen wie eine äußere Mauer ... bei Dir blicke ich auch auf eine Fläche und nicht auf eine Spitze bzw. Kante wie beim Oktaeder ...

Du scheinst Dich spontan mit dem Oktaeder zu kombinieren – jetzt bin ich in einem Oktaeder in einem Würfel ... die sechs Spitzen des Oktaeders berühren die Mitten der sechs Seiten des Würfels ... der Würfel ist wie das Pentagramm-Ritual mit seinen sechs Schutz-Symbolen: ein Kreis unten, ein Hexagramm oben und vier Pentagramme in den vier Richtungen ...

Du scheinst nicht aktiv zu sein, nichts tun zu wollen, Du bist einfach die Definition eines Raumes, eine Grenze vor meinem eigenen Lebenskraftkörper, dessen Grenze der Oktaeder ist ...

Hm, wie fühlt sich das denn an, wenn der Würfel im Oktaeder ist? ... Ne, das ist unangenehm, beengend, kalt, unorganisch, fast wie ein Trauma, wie ein abgekapselter Bereich im eigenen Inneren ... nein, danke!

Hm ... war 's das schon, Würfel? Oder gibt's da noch mehr?"

Das war's im Wesentlichen – ihr kennt mich ja auch von allen platonischen Körpern am besten."

„Ja, das stimmt schon ... Ja, dann ... vielen Dank!"

„Bitte."

„Ho!"

VI 1. e)   Erste Traumreise zum Ikosaeder

„Hallo Ikosaeder, möchtest Du mir etwas über Dich erzählen?"

„Du willst also mit mir einen Tee trinken?"

„Ehm ... ja, warum nicht ... Du scheint ja gesprächiger als Tetraeder, Oktaeder und Würfel zu sein ..."

„Ich bin vielfältiger und ich bin ein eigenständiges Individuum mit mehr Außenwahrnehmung und Außenkontakt als die drei, die Du gerade genannt hast."

„Hm, ja, das habe ich eigentlich ja auch schon aus Deiner Gestalt hergeleitet ... ich frage mich, ob ich nicht zum Vergleich noch Traumreisen zu anderen geometrischen Formen als zu den platonischen Körpern machen sollte ..."

„Ja, das solltest Du ... Kugel, Kegel, Kubus, die drei regelmäßigen Flächenaufteilungen ..."

„Diese sechs Formen?"

„Ja, die reichen für den Überblick, den Du brauchst."

„Danke für den Tipp. ... Doch was ist mir Dir? Welche Eigenschaften hast Du?"

„Komm mal rein."

„O.k., mach ich ... hm ... das hat etwas sehr Lichtes ... da gibt es ein symmetrisches Oben und Unten – jeweils fünf Dreiecke ... aber das Dreieck gleich hinter mir steht anders herum als das Dreieck gleich vor mir, weil das ja in dieser mittleren Reihe von Dreiecken um mich herum fünf Dreiecke mit ihrer Grundlinie nach oben und fünf Dreiecke mit ihrer Grundlinie nach unten sind ... das ruft eine gewisse Spannung hervor – aber die ist nicht unangenehm ... ich glaube, ohne diese Spannung würde das ganze auch langweilig wirken und zusammenfallen ... diese Spannung in Deiner Hülle ist ein bißchen wie die Oberflächenspannung des Wassers ...

Komisch, da stellt sich mir die Frage, auf welche Weise eigentlich Deine Oberfläche die Qualität in Deinem Inneren beeinflußt und prägt ... das habe ich mich bei den anderen drei platonischen Körpern, zu den ich schon gereist bin, nicht gefragt ... vielleicht, weil Deine Form komplexer ist ...

Ich fühle mich in Dir gehalten ... und komischerweise wie beleuchtet, erleuchtet, erhellt ... das ist ausgesprochen angenehm und auch leicht ... das Leben leicht nehmen ... lächeln ... die Dinge kommen und wieder gehen lassen ... ein Leben im Fluß der Ereignisse ... das ist ein bißchen wie Taoismus ...

Das ist auch ein bißchen wie ein Prisma mit sehr vielen Seiten ... und Du wirkst durchsichtig ...

Hm ... möchtest Du noch etwas dazu sagen, Ikosaeder?"

„Erst einmal nicht – später."

„Ja gut ... Danke!"

„Bitte."

„Ho!"

Hm – gibt es tatsächlich Ikosaeder-Prismen? Ich schaue das mal nach … Der Ikosaeder ist tatsächlich ein Prisma, allerdings ein recht eigenwilliges – es hat zwei gegenüberliegende Seiten, die genau parallel zueinander sind. Allerdings ist die eine dieser beiden Seiten, also das Dreieck, im Verhältnis zu dem anderen um 180° gedreht … aber es ist ein Prisma.

VI 1. f)   Erste Traumreise zum Dodekaeder

„Hallo Dodekaeder – Du bist der letzte der platonischen Körper, zu denen ich reise. Magst Du mir etwas über Dich erzählen?"
„Nein."
„Aber wenn ich schaue, ist das für Dich o.k.?"
„Tue, was Du willst."
„Hm, Du bist offenbar noch individueller als der Ikosaeder – Du hast ja auch die meisten ungewöhnlichen Eigenschaften wie z.B. den Umriß eines unregelmäßigen Zwölfecks, wenn man auf eine Deiner Ecken schaut.
O.k. … Da ich Dich kennenlernen will, schaue ich dann jetzt mal.
Also … … … richtig klar erfassen und imaginieren kann ich Dich eigentlich nur, wenn ich auf eine Deiner Flächen schaue – dann wirkst Du wie ein speziell geschliffener Diamant mit einem Pentagon statt einem Oktagon als zentraler Fläche … Ich kann mir Dich auch als festen Körper, der in einigem Abstand auf der Erde steht, vorstellen – das geht auch, aber das wirkt irgendwie distanziert und leblos …
Bei dem zentralen Blick auf eine Deiner Flächen wirkst Du so, als ob Du etwas vorhättest, als ob Du einen Willen hättest, als ob Du ein Bewußtsein hättest … auf jeden Fall ist bei Dir die Eigenständigkeit von allen platonischen Körpern am größten …
Ich gehe mal in Dich hinein … ich setze mich auf eine Deiner Flächen und schaue vor mich … hm … ein Pentagon mit der Spitze nach unten direkt vor mir fühlt sich komisch an, auch wenn dann das Pentagon, auf dem ich sitze, nach vorne zeigt, was wiederum angenehm ist … und umgekehrt zeigt das Pentagon, auf dem ich sitze, mit der Spitze nach hinten, wenn ich vor mit ein Pentagon mit der Spitze nach oben habe …
Hm … das heißt, daß immer eins der beiden Pentagone, auf die ich vor allem konzentriert bin (unten und vorne) anders zeigt, als ich es gerne hätte … hat das Pentagon einen fest eingebauten internen Widerspruch? Das wäre dann eine skorpionische Eigenschaft …
Auch das untere und das obere Pentagon weisen in die entgegengesetzt Richtung – das gilt für alle sechs Pentagon-Paare des Dodekaeders.
Das gilt auch für die Dreiecke im Ikosaeder, aber da ist mir das nicht so sehr

aufgefallen.

O.k., dann probiere ich einfach beide Varianten aus. Ich sitze jetzt auf dem Penta-gon mit der Spitze nach vorne – das Pentagon direkt vor mir weist daher mit der Spitze nach unten und über mir mit der Spitze nach hinten ... Wie fühlt sich das an? ... unruhig ...

Und bei der anderen Variante, wenn ich auf einem Pentagon sitze, das mit seiner Spitze nach hinten weist? ... das ist genauso unruhig ...

Hm, magst Du mir noch etwas dazu sagen, Dodekaeder?"

„Nein – Du wirst es selber finden."

„Na gut – Danke!"

„Bitte."

„Ho!"

VI 2.   Erste Zusammenfassung

Die Ergebnisse, die sich in den ersten Kapiteln dieses Buches durch die Betrachtung der Formen der platonischen Körper, ihrem Vorkommen in der Natur und die Zusammenfassung ihrer historischen Bedeutung in der Magie ergeben haben, lassen sich nun durch die Erkenntnisse auf diesen Traumreisen ergänzen, wodurch sich schon etwas lebendigere Charakterisierungen und auch klarere Möglichkeiten für ihre Verwendung in der Magie und Meditation ergeben.

VI 5. a)   Tetraeder

Der Tetraeder bildet gerne große Verwandten-Gemeinschaften, denn er hat viele Kontakte innerhalb seiner Familie, wodurch ein großer Familien-Zusammenhalt entsteht. Aufgrund seiner Familien-Bezogenheit hat er nur wenig Kontakte zu anderen außerhalb seiner Familie und auch sein Selbstausdruck ist eher schlicht. Raumfüllende Gemeinschaften kann er jedoch nur zusammen mit dem Oktaeder bilden. Er bleibt unter seinesgleichen und hat keinen Bruder und Freund außerhalb seiner Gruppe.

Er ist sachlich-trocken, bodenständig, schlicht, schweigsam, eher kontaktscheu, hat eine eindeutige Motivation, ist entspannt und mühelos auf das Wesentliche ausgerichtet und läßt sich nicht durch äußere Dinge ablenken.

Er sendet von seiner Mitte her durch seine vier Spitzen vier Strahlen aus, die sehr gerade und gebündelt sind – wie Laserstrahlen.

Er weckt das Stirn-Zwischenchakra und das Scheitelchakra. Wenn der Tetraeder um den Betrachter rotiert, sind dies 6 Umdrehungen pro Sekunde. Die Rotation im Uhrzeigersinn richtet die Wirkung nach oben hin aus regt das Scheitelchakra und die Sushumna an. Gegen den Uhrzeigersinn richtet sich die Wirkung nach unten und sie regt das Halschakra an und macht weiterhin das Wurzelchakra der Erde, also den glühenden Eisen/Nickel-Kern der Erde sichtbar und bewußt und stellt einen Kontakt zu ihm her.

Es gibt in ihm ein Gleichgewicht von Innendruck und Zusammenziehen sowie ein Gefülltsein und Erfülltsein. In ihm ist eine natürliche, mühelose und stabile Stille. Er schafft Raum um sich und macht seine Umgebung hell. In ihm ist mehr Potential als Impulse. In einem Raum voller Tetraeder (Kugel-Lagerung) ist ein 'hitzefreies Glühen'. Dort gibt es einen 'Chor von Stille'.

Der Tetraeder wird traditionell dem Element Feuer gleichgesetzt. Dieses Feuer scheint angesichts dieser Charakterisierung eher eine innere Glut als äußere Flammen zu sein.

VI 5. b)   Oktaeder

Der Oktaeder kann zusammen mit dem Tetraeder große raumfüllende Gemeinschaften bilden und hat mittelviele Kontakte. Sein Bruder und Freund ist der Würfel. Er wird traditionell dem Element Luft gleichgesetzt, aber ist schweigsam – was ziemlich „unluftig" ist.

Er ist ein dreifacher Dipol und hat dadurch eine klare Raumorientierung. In ihm liegt eine Ruhe, aber nicht die Stille des Tetraeders.

Er hat eine statische Stabilität, die man deutlich sehen und spüren kann.

Die eigene Ausrichtung im Oktaeder, bei der man nach vorne auf eine Spitze schaut, fühlt sich am organischsten an. Der Oktaeder ist dann wie die Schutzhülle der Aura mit den sechs Hauptkontaktpunkten nach außen hin: die Verbindung vom Scheitelchakra nach oben (Inspiration), die Verbindung vom Wurzelchakra nach unten (Kraft, Kundalini), die Verbindung vom Herzchakra nach hinten (Unterstützung durch die Eltern), nach vorne (eigene Ziele im Leben), nach rechts zum 'heilen inneren Mann' und nach links zur 'heilen inneren Frau'.

Da ist eine gelassene Innen/Außen-Unterscheidung, für die keinerlei Anstrengung notwendig ist. Dadurch entsteht ein Lächeln der Selbstgewißheit und der Selbstsicherheit.

In einem Gefüge aus Oktaedern und Tetraedern fühlt es sich nach einem lockeren Zusammenhalt an.

VI 5. c)   Würfel

Der Würfel kann große Gemeinschaften bilden und hat dabei einen großen Gruppen-Zusammenhalt, der starr-konstruktiv, druckresistent und trennend ist. Er hat nur mittelviele Außenkontakte. Sein Bruder und Freund ist der Oktaeder. Er wird traditionell dem Element Erde gleichgesetzt.

Das Kleine Pentagramm-Ritual und das Große Pentagramm-Ritual stellen einen Schutz nach den sechs Seiten hin dar: einen Kreis unten, vier Pentagramme in den vier Richtungen und ein Hexagramm oben. Mit diesen Ritualen werden die Elemente angerufen. Auch die Hexagramm-Rituale, mit denen die Planeten angerufen werden, haben diese sechs Seiten, die jedoch manchmal auf die vier Himmelsrichtungen reduziert werden.

Er ist gerade, eckig, geordnet, starr, stabil, geformt, raumfüllend, fest, kühl, sachlich, statisch, getrennt, ruhig dastehend und stapelbar. Er ist nicht aktiv und will nichts. Er ist wie eine äußere Mauer, ein Gartenzaun – der Blick von innen her auf den Würfel ist auf eine Fläche und nicht auf eine Spitze bzw. Kante gerichtet. Er ist gesprächiger als Tetraeder und Oktaeder.

Der Würfel stellt manchmal einen Altar oder ein Fundament dar und erscheint manchmal in der alchemistischen Symbolik auch als Tisch.

VI 5. d) Ikosaeder

Der Ikosaeder ist ein Individuum, das die Distanz zu anderen Individuen seiner Art wahrt. Es hat einen differenzierten Selbstausdruck und strebt seine eigene Entfaltung und seine ständige Weiterentwicklung an und ist deutlich gesprächiger als die anderen platonischen Körper. Er hat ein großes Volumen im Verhältnis zu seinem Radius, d.h. er strebt nach viel Substanz und Besitz. Sein Bruder und Freund ist der Dodekaeder.

Er hat etwas sehr Lichtes, er hat eine angenehme Hüllen-Spannung, er ist geräumig, er gibt einen freilassenden Halt. Man fühlt sich in ihm leicht und wie beleuchtet, erleuchtet und erhellt. Man läßt das Leben fließen und nimmt es leicht und lächelt.

Er wird traditionell dem Element Wasser gleichgesetzt.

VI 5. e) Dodekaeder

Der Dodekaeder ist ein Individuum, das ein wenig kontaktscheu ist. Er hat einen komplexen Selbstausdruck und strebt eine runde, vollständige Selbstverwirklichung sowie seine ständige Weiterentwicklung an. Trotzdem ist er ausgesprochen freundlich. Sein Bruder und Freund ist der Ikosaeder.

Er wird traditionell dem Element Licht bzw. der Quintessenz gleichgesetzt.

Er ist wortkarg, eigenwillig, individuell, unruhig, skorpionisch und voller Widersprüche und er ist von allen fünf platonischen Körpern am bewußtesten.

Der Dodekaeder ist zwar eng mit dem in der Magie so beliebten Pentagramm verwandt, aber er wird lediglich als Form des Grundsteins bei der Gründung einer Waldorfschule, eines Waldorfkindergartens oder einer ähnlichen anthroposophischen Einrichtung verwendet.

VI 5. f) allgemein

Alle fünf platonischen Körper sind zum einen sehr klar wahrnehmbar und zum anderen sehr leicht zu imaginieren – es erscheint sehr schnell ein klares, farbiges, räumliches Bild mit glänzenden Flächen und scharfen Kanten. Es ist wirklich sehr auffällig, wie sehr viel deutlicher diese Bilder als andere Imaginationen oder Wahrnehmungen sind.

VI 3.   Weiterführende Traumreisen

Nach dieser ersten Runde von Traumreisen stehen nun die Traumreisen an, bei denen es um speziellere Fragen geht, die sich durch die Erlebnisse bei den ersten Traumreisen ergeben haben.

VI 3. a)   Die platonischen Körper in menschlicher Gestalt

„Hallo Tetraeder – wenn ich zu Heilpflanzen Traumreisen unternehmen, bitte ich sie meistens, mir auch mal als Elfen, also in menschlicher Gestalt zu erscheinen, weil ich dann das Wesen der Heilpflanze in der 'Übersetzung' in eine menschliche Gestalt einfacher verstehen kann. Könntest Du für mich auch mal eine menschliche Gestalt annehmen?"

„Hm ..."

Das klingt ein bißchen knurrig und unwirsch ...

... ...

Da ist was, aber das sieht aus wie ein Lego-Männchen ... halb ocker, halb rot ... es geht ein paar Schritte, dann sitzt es einfach nur da ... hm – ist das jetzt echt?

... ...

„Oktaeder – könntest auch Du mir mal in menschlicher Gestalt erscheinen?"

„Tralala ... tralala ..."

„???"

Da sitzt einer und sieht ein bißchen depressiv aus ... und dann singt er wieder 'Tralala' ... Was ist denn das? ... Immerhin ist die Gestalt jetzt menschlich, ein Mann ...

„Und Du, Würfel?"

„Ich bin so, wie ich bin."

Ich sehe einen Mann dasitzen ... in der Mitte eines Würfels ... er meditiert, er sitzt mit gekreuzten Beinen da ... er hat sich abgeschottet von der Welt ...

Eigentlich wollte ich die platonischen Körper an sich in menschlicher Gestalt sehen, aber jetzt bin ich mir nicht ganz sicher, ob sie mir gerade Aspekte von mir selber spiegeln ...

„Ikosaeder? Wie siehst Du in menschlicher Gestalt aus?"

Da ist ein Mann, er steht, er trägt ein weißes, loses Gewand, das ein bißchen alt-griechisch wirkt ... das paßt zu dem Gefühl, daß ich im Ikosaeder gehabt habe ... er

80

ist weise, aber ziemlich locker-leicht-entspannt und läßt das Leben fließen ... er ist kaum greifbar ...

„Und Du, Dodekaeder? Wie siehst Du aus, wenn Du mir als Mensch erscheinst?"

Da steht jemand, ein Mann, er wirkt ein bißchen dunkel, er hält einen dünnen Stamm in der rechten Hand, einen ziemlich dicken Stab – mit dem schlägt er auf dem Boden auf ...

„Warum habt ihr alle die Gestalt von Männern?"

Oktaeder: „Weil Du ein Mann bist – das ganze gibt's auch in weiblich, aber das ist für Dich schwerer zu verstehen."

„Ich finde die Bilder ja teilweise schon komisch. Das Ikosaeder-Bild und das Dodekaeder-Bild finde ich einleuchtend; das Tetraeder-Lego-Männchen ziemlich seltsam; das Oktaeder-Bild mit dem manisch-depressiven Typ ... nunja ...; und das Würfel-Bild – das hätte ich so eher beim Oktaeder erwartet. Kann mir da jemand was zu sagen?"

Dodekaeder: „Du hast uns noch nicht verstanden."

„Ja – daß ich euch noch nicht verstanden habe, habe ich schon verstanden ... wie kann ich denn weiterkommen? Ist die Idee, euch im Raum zu imaginieren und mich dann in die imaginierte Form hineinzustellen, sinnvoll? Also eure Form in meinem Zimmer so aufzubauen, wie ich das bei einem Pentagramm-Ritual oder einem Hexagramm-Ritual machen würde?"

Würfel: „Das wäre zumindestens solide."

Dodekaeder: „Erfahrung ist das einzige, was zählt."

Ikosaeder: „Aber streng Dich nicht an.

„Und was meint ihr beide dazu – Tetraeder und Oktaeder?"

Oktaeder: „Tu was Du willst."

Tetraeder: „Hm ... "

„Naja, immerhin haben eure verschiedenen Antworten zu meiner Fragen jetzt euren Charakter recht anschaulich dargestellt. ... Gut, dann werde ich das mal als nächsten Versuch durchführen – mal schauen, was passiert."

VI 3. b)   Die Wirkung der platonischen Körper

Mir scheint die Wirkung der platonischen Körper mit der Einnahme eines homöopathischen Mittels vergleichbar zu sein: Sie geben einen Impuls in das System und lenken es daher in eine neue Richtung. Wann welcher platonische Körper hilfreich ist, ergibt sich aus dem Charakter der platonischen Körper.

„Hallo ihr fünf platonischen Körper – ich würde eure Wirkung auf die Organe, die Chakren, die Bewußtseinszustände, die Krankheiten, die Lebenskraft und die Gemütszustände der Menschen gerne besser verstehen. Könnt ihr mir dazu etwas sagen?“

Oktaeder: „Ja, das geht.“
„Welche Wirkung hast denn Du?“
Oktaeder: „Ordnend.“
„Geht das etwas differenzierter?“
Oktaeder: „Das kommt auf Deine Frage an.“
„Auf welche Organe wirkst Du?“
Oktaeder: „Erleichternd auf Galle und Leber.“
„Hm – heißt das, daß Du einem Menschen helfen kannst, sich selber klarer zu sehen, sich vom Außen zu unterscheiden und abzugrenzen und daher das Aufgenommene besser verdauen zu können und auch besser die eigenen Ziele umsetzen zu können? Das sind ja im Groben die Aufgaben von Leber und Galle.“
Oktaeder: „Ja.“
„Hast Du auch eine Wirkung auf ein Chakra?“
Oktaeder: „Hara.“
„Das habe ich mir schon fast gedacht. Bist Du hilfreich bei bestimmten Krankheiten?“
Oktaeder: „Das läßt sich so konkret nicht sagen – alle Krankheiten, die damit zu tun haben, daß sich jemand nicht selber treu ist.“
„Gibt es noch etwas, was Du mir dazu sagen magst?“
Oktaeder: „Wenn Du keine neue Fragen hast, nein.“
„Nein, neue Fragen habe ich gerade nicht. Danke!“
Oktaeder: „Bitte.“

„Wer möchte mir noch etwas zu sich erzählen? ... ... Hm ... sonst noch einer? ... ...“
Würfel: „Na gut – ich.“
„Auf welche Organe hast Du denn eine Wirkung?“
Würfel: „Herz und Lunge.“
„Hm, das hätte ich jetzt nicht erwartet. ... Liegt das daran, daß Du einen geschützten Raum erschaffst, in dem man sich sicher fühlt? Und daß man dann frei atmen und in seinem (Herz-)Rhythmus leben kann?“
Würfel: „Ja.“
„Das heißt, daß Du eine ähnliche Wirkung wie das Pentagramm-Ritual hast, wenn man es regelmäßig durchführt?“
Würfel: „Ja – es hat ja auch einen würfelförmigen Aufbau aus sechs Symbolen.“
„Und auf welche Chakren wirkst Du?“

Würfel: „Sonnengeflecht und Halschakra."

„Also auf die beiden Chakren des Selbstausdrucks – das Sonnengeflecht ist für den körperlichen Selbstausdruck zuständig und das Halschakra für den sozialen Selbstausdruck. ... Gibt es bei Dir eine spezielle Wirkung bei bestimmten Krankheiten?"

Würfel: „Herz/Lungen-Bereich, rhythmisches System."

„Ja, das ist ja eigentlich logisch ... Kannst Du mir noch etwas zu Deiner Wirkung sagen?"

Würfel: „Du könntest selber ein bißchen davon brauchen."

„Ja, ich weiß ... Hast Du da einen speziellen Tipp?"

Würfel: „Stell Dich imaginativ in mich hinein."

„Wie beim Pentagramm-Ritual?"

Würfel: „Ja."

„O.k. – das werde ich ausprobieren. ... Vielen Dank!"

Würfel: „Bitte."

„Wer möchte jetzt etwas sagen?"

Dodekaeder: „Ich."

„Oh – ich habe vermutet, daß Du Dich als letzter melden wirst ..."

Dodekaeder: „Du brauchst mich."

„Hm ... das könnte schon sein. Magst Du mir trotzdem erst einmal sagen, auf welche Organe Du wirkst?"

Dodekaeder: „Lenke nicht von Dir selber ab."

„Also gut – dann so herum. ... Was willst Du mir sagen?"

Dodekaeder: „'Was brauchst Du, daß Du es von mir hörst?' – Das wäre die richtige Frage – Du bist der, der etwas wissen will; ich selber weiß, wer ich bin."

„O.k. ... Also: Was wäre für mich hilfreich, wenn ich es von Dir hören würde?"

Dodekaeder: „Stärke Deinen Egoismus, Deine Egozentrik, Deine Direktheit, Dein Durchsetzungsvermögen – auch Deine Gier, Dein Verlangen, Deinen Lebensdurst! Lebe statt zu arbeiten! Genieße statt Dich anzustrengen! Vergeude nicht Dein Leben!"

„Ja ... kommt mir bekannt vor ... klingt nach einer Stärkung des Haras ... und auch nach einem Zurechtrücken der Wichtigkeit des Dritten Auges ... Könntest Du dem so zustimmen?"

Dodekaeder: „Das stimmt, aber Du fliehst schon wieder in Dein Drittes Auge, in Deinen Verstand und in Konzepte. Das Leben geschieht nicht im Denken, sondern im Erleben – klar?!"

„Ja ... das ist bei mir im Ungleichgewicht, das stimmt schon ... und was ist mit den Krankheiten?"

Dodekaeder: „Das sind die, die aus diesem Egoismus-Mangel entstehen."

„Welche sind das?"

Dodekaeder: „Das kann viel Verschiedenes sein – das ist nicht so schlicht zu sagen. Das reicht von Allergien über Krebs bis hin zu Herzinfarkten. Das hängt von dem Individuum ab."

„Das leuchtet mir ein ... das würde ich vermutlich ähnlich formulieren ... Danke für Deine Hilfe, Dodekaeder!"

Dodekaeder: „Bitte."

„Und nun? Du, Tetraeder?"

Tetraeder: „O.k."

„Zu welchen Organen gehörst Du?"

Tetraeder: „Ich gehöre zum Wurzelchakra und zum Scheitelchakra – ich fördere das Aufsteigen der Kundalini und ich schenke den Zustand der Gedankenstille."

„Ich hatte eigentlich nach den Organen gefragt, aber trotzdem Danke."

Tetraeder: „Ich sage die Dinge, so wie sie sinnvoll sind – in der sinnvollen Reihenfolge."

„Und die beginnt innen bei den Chakren ..."

Tetraeder: „Und wirkt dann auf die Organe."

„Und welche sind das?"

Tetraeder: „Genitalien – für den Sex; und Gehirn – für die Erleuchtung."

„Hm ... das ist ja ziemlich viel ..."

Tetraeder: „Ich bin ja auch der schlichteste der platonischen Körper."

„Und deshalb so etwas wie eine Grundlage?"

Tetraeder: „Ja."

„Über Krankheiten läßt sich da dann auch nicht viel sagen?"

Tetraeder: „Verdrängung der Sexualität oder Sex-Sucht im Wurzelchakra und alle Formen des auffälligen und des unauffälligen Wahnsinns."

„Hm ... ja ... das paßt zu diesen beiden Chakren ... Noch etwas?"

Tetraeder: „Ja – der Austausch mit der Welt, Kontakt, Geborgenheit, Urvertrauen – und bei all dem stets bewußt und eigenständig bleiben."

„Hm ... ja, das wäre ausgesprochen erstrebenswert – der heile Zustand der beiden äußeren Chakren ... Das war's?"

Tetraeder: „Du bist ungeduldig."

„Hm ... was möchtest Du denn noch sagen?"

Tetraeder: „Nichts – aber Du hast es trotzdem zu eilig ... Wie willst Du so das erleben und genießen, wo Du gerade bist?"

„Ja ... das ist wohl wahr ... Danke für den Hinweis! ... Und danke für das, was Du mir erzählt hast!"

Tetraeder: „Bitte."

„Hm – Ikosaeder? Ich hatte vermutet, daß Du Dich als einer der ersten melden

würdest ... "

Ikosaeder: „Ich komme als letztes, weil ich die äußere Hülle bin."

„Hm – gehörst Du nicht zu einem der Chakren bzw. Chakrenpaare?"

Ikosaeder: „Ich gehöre zu den Verbindungen nach außen."

„Zu dem 'Lichtstrahl' vom Scheitelchakra nach oben zu Gott und zu dem 'Feuerstrahl' nach unten zu dem glühenden Wurzelchakra der Erde?"

Ikosaeder: „So kannst Du es beschreiben."

„Und mit welchen Organen hast Du dann zu tun?"

Ikosaeder: „Mit der Haut und den Sinnen."

„Das klingt schlüssig."

Ikosaeder: „Und mit den damit zusammenhängenden Krankheiten."

„Und in diesem Bereich braucht man Dein Lächeln, Deine Leichtigkeit, Deine Heiterkeit und Dein Fließenlassen?"

Ikosaeder: „Ja – wo sonst?"

„Hm, ja ... das bezieht sich alles auf den Umgang mit der Welt ... "

Ikosaeder: „Schau Dir das jetzt erst einmal alles in Ruhe an, sortiere es, bringe es auf den Punkt – dann schauen wir weiter."

„Ja gut – das kommt meiner Vorgehensweise entgegen."

Ikosaeder: „Deshalb schlage ich sie Dir ja auch vor."

„Hm ... ja ... Danke für alles!"

Ikosaeder: „Bitte."

„Ho!"

Dann sortiere ich das mal – das war ja doch erfreulich viel. Dafür scheint mir eine Tabelle hilfreich zu sein.

Beim Aufstellen der Tabelle sind mir noch einige Fragen gekommen – vor allem durch Lücken in der Tabelle. Diese Fragen will ich nun noch stellen will, bevor ich die Tabelle anführe.

„Hallo – ich habe noch ein paar Fragen. ...

An euch, Oktaeder und Würfel: Dein Herz/Lungen-Bereich, Würfel, gehört ja eigentlich zum Herzchakra und nicht zum Sonnengeflecht und zum Halschakra – warum führst Du diese beiden Chakren an?"

Würfel: „Weil sich die Probleme einer Herzchakra-Blockade vor allem darin zeigen, daß der Selbstausdruck blockiert ist, also diese beiden Chakren."

„Das heißt, es würde durchaus Sinn machen, das Herzchakra in die Übersicht bei Dir mit einzufügen?"

Würfel: „Absolut."

„Ja, gut, dann mache ich das mal ... Und bei Dir Oktaeder, erscheint nur das Hara,

aber nicht das Dritte Auge – warum?"

Oktaeder: *„Weil Du vor allem ein Problem mit Deinem Hara hast."*

„Dann ist es für eine allgemeine Übersicht sinnvoll, da das Dritte Auge zu ergänzen, oder?"

Oktaeder: *„Ja, ist es."*

„Dodekaeder – gehören irgendwelche Organe enger zu Dir?"

Dodekaeder: *„Nein – die Vielfalt der möglichen Erkrankungen ist zu groß."*

„Wenn ich mir das so anschaue, gehören bei Dir doch auch das Sonnengeflecht und das Halschakra dazu – ohne die ist doch keine Selbstdurchsetzung möglich ... wie siehst Du das?"

Dodekaeder: *„Diese beiden Selbstausdrucks-Chakren sind die Grundlage dafür, daß das Hara und das Dritte Auge funktionieren können – ohne sie hätten sie keine Kraft."*

„Hm ... gut ...

Dann habe ich noch ein Frage an euch alle: Eure Zuordnung zu dem Herzchakra, den drei Chakrenpaaren und den Außenverbindungen ist ja recht markant, aber ich frage mich, ob ich mir das jetzt zurechtgebogen habe oder ob es da wirklich eine solide Verbindung gibt."

Oktaeder: *„Es gibt den Zusammenhang, den Du gefunden hast, aber wir sind nicht dasselbe wie die Chakren. Nimm diesen Zusammenhang nicht als strenge Analogie – denn das ist sie nicht – sondern als eine Ähnlichkeit, die Dir hilft, uns zu verstehen. Aber gehe immer von dem platonischen Körper aus und schau dann mal nebenher, mit welchem Teil des Chakrensystems er verwandt ist."*

„Ja ... so klingt das gut ... Ich will ja auch nichts in euch hineininterpretieren, was gar nicht da ist – das würde ja den Versuch, euch in Magie und Meditation zu verwenden, nur behindern. Ich möchte euch ja nach Möglichkeit genau so sehen, wie ihr seid."

Oktaeder: *„Danke – Deine Haltung ist ein Kompliment für uns."*

„Oh ... ja, gern geschehen ... gibt es noch etwas?"

Oktaeder: *„Du hast mit dem Verstehen angefangen, aber Du bist noch nicht fertig."*

„Was gibt es denn noch?"

Oktaeder: *„Das wird mit der Zeit wachsen."*

„Ja, gut ... dann vielen Dank euch allen!"

„Bitte."

„Ho!"

Ich habe die platonischen Körper in der folgenden Tabelle entsprechen den Chakren angeordnet – mal schauen, welche Wirkung das hat …

Die Wirkungen der platonischen Körper					
Thema	**platonische Körper**				
	Würfel	*Dodekaeder*	*Oktaeder*	*Tetraeder*	*Ikosaeder*
Bewußtsein	Rhythmus, Selbstbe-stimmtheit, Selbstaus-druck	Individualität, Durchsetzung, Selbsttreue, Direktheit, Lebensdurst	Selbstwahr-nehmung, Unterschei-dung von Innen/Außen	Ekstase (Sex u.a.), Gedan-kenstille, Kundalini, ordnend	Lächeln, Heiterkeit, Leichtigkeit, Fließenlassen
Chakren	Herzchakra; sekundär auch Sonnen-geflecht, Halschakra	Sonnenge-flecht, Halschakra; Hara, Drittes Auge	Hara, Drittes Auge	Wurzel-chakra, Scheitel-chakra	Außenverbin-dungen
Organe	Herz, Lunge	verschiedene Organe	Leber, Galle	Genitalien, Gehirn	Haut, Sinne
Krankheiten	Herz- und Lungen-Krankheiten	verschiedene Krankheiten	Leber- und Gallen-Krankheiten	Sex-Sucht u.ä.; Wahnsinn	Krankheiten von Haut und Sinnen
Fähigkeiten	Selbster-kenntnis, Abgrenzung	Selbstaus-druck	Unterschei-dung, Abgrenzung, Selbsttreue	Austausch, Kontakt, Geborgenheit, Urvertrauen	Erleben

Das ist jetzt ja doch schon einiges mehr als vorher … Wenn sich das alles in Meditationen, in der Magie und bei Heilungen bewähren sollte, sind das ja doch ganz hilfreiche „Verbündete" – das Wort „Werkzeug" scheint mir hier ziemlich unpassend zu sein. (Ich spüre innerlich, wie die platonischen Körper dazu nicken …)

VI 3. c)   Pentagone

Bei meinen Betrachtungen des Dodekaeders und bei meinen Traumreisen zu ihnen habe ich bemerkt, daß die Pentagone Individualisten sind. Das wird auf eine unge-wöhnliche Weise durch die Geometrie bestätigt:

Wenn man Flächen mit einer begrenzten Sorte von Formen füllt, die auf dem Pentagon beruhen, die also 5-symmetrisch sind, ergeben sich Muster, die sich niemals wiederholen – sie sind sozusagen endlos kreativ. Diese Pentagon-Muster sind die vollkommenen Individualisten. Man kann sie auch nicht dazu zwingen, ihre Formen zu wiederholen.

Die genauere Beschreibung dieser Entdeckung, an der viele verschiedene Mathematiker seit Johannes Kepler geforscht haben, würde den Rahmen dieses Buches sprengen. Es gibt aber bei youtube eine sehr anschauliche und gut verständliche Darstellung dieses Themas unter dem Titel „Veritasium – The infinite pattern that never repeats".

<u>VI 3. d)   Die Kugel</u>

Nun folgen Traumreisen zu sechs weiteren geometrischen Formen. Durch diese Traumreisen ist es dann besser möglich, die Eigenarten, den Charakter und die eventuellen Besonderheiten der platonischen Körper klar einzuschätzen.

„Hallo Kugel – wer bist Du? Welchen Charakter hast Du?"

„Siehst Du das nicht?"

„Nunja – Du bist die vollkommene dreidimensionale Form – regelmäßiger geht es nicht. Du hast im Verhältnis zur Oberfläche das größte Volumen – daher schützen sich Kakteen durch eine Kugelform vor der Gefahr der Verdunstung und deshalb plustern sich Vögel bei Kälte zu einer Kugel auf. Du entstehst auch, wenn eine Kraft alle Teile einer Gruppe in gleicher Weise zusammenzieht – Sonnen, Planeten und Monde sind daher kugelförmig."

„Ich bin die konzentrierte, komprimierte und introvertierte Form."

„Ja … ich vermute, daß es das auch schon zusammenfaßt, oder?"

„Ja – das ist das, was ich bin."

„Hm … bei einer vollständig glatten Oberfläche sollte man keine weiteren Differenzierungen vermuten …"

„Das ist richtig."

„Danke, Kugel."

„Bitte."

„Ho!"

Hm – ich möchte das Verhältnis von Volumen zu Oberfläche doch mal genauer wissen … wie groß da die Unterschiede sind.

Je größer die Zahl ist, die sich aus „Volumen : Oberfläche" ergibt, desto geschützter und konzentrierter ist die Form. Die Ergebnisse dieser Berechnungen stehen in der folgenden Tabelle - „a" ist die Seitenlänge einer Fläche, „r" ist der Radius der Kugel.

Oktaeder	0,408 · a
Dodekaeder	0,371 · a
Kugel	0,333 · r
Ikosaeder	0,212 · a
Tetraeder	0,204 · a
Würfel	0,167 · a

Hm – und sofort ist da ein Problem: Das Verhältnis von Volumen zur Oberfläche enthält die Seitenlänge der Flächen, aus denen die Oberfläche des platonischen Körpers besteht bzw. den Radius der Kugel – und diese Seitenlängen bzw. dieser Radius sind ja bei den 5 platonischen Körpern und der Kugel überall sehr verschieden … aber mit einer unterschiedlichen Bezugsgröße kann man nichts vergleichen …

Das Verhältnis des Volumens des platonischen Körpers im Verhältnis zu der Kugel, die ihn umgibt, ist die beste Annäherung, die ich gerade finden kann.

Diese Verhältnisse sind:

Verhältnis des Volumens zum Volumen der Umkugel		
Körper	*Volumem : Volumen der Umkugel*	*Anzahl der Flächen*
Kugel	1,000	1 oder ∞
Dodekaeder	0,665	12
Ikosaeder	0,605	20
Würfel	0,368	6
Oktaeder	0,318	8
Tetraeder	0,123	4

Die Reihenfolge entspricht nur ungefähr der Anzahl der Seiten – der Dodekaeder mit seinen 12 Pentagonen und der Würfel mit seinen 6 Quadraten fallen aus der Reihe der drei platonischen Körper, deren Oberfläche aus Dreiecken besteht, heraus. Sowohl der Würfel als auch der Dodekaeder nehmen mehr Raum in ihrer Umkugel ein als die platonischen Körper, deren Oberflächen aus mehr Dreiecken bestehen als Würfel und Dodekaeder.

Offenbar ist ein platonischer Körper, dessen Oberfläche aus Quadraten oder Pentagonen besteht, effektiver in der Raumfüllung als die platonischen Körper, deren Oberflächen nur aus Dreiecken bestehen.

Der Tetraeder nimmt tatsächlich nur ein Achtel des Raumes der ihn umgebenden Kugel ein.

VI 3. e)   Der Kubus

Mit einem Kubus ist hier ein Würfel gemeint, bei dem die Seiten nicht die gleichen Längen haben – also ein Quader, ein Backstein, ein Balken, ein Brett u.ä. recht-winklige Formen.

„Hallo Kubus – magst Du mir etwas zu Deinem Charakter erzählen?"

„Der ist eckig – aber abhängig von den Größenverhältnissen meiner Seitenlängen: ein Würfel und ein Balken und ein Brett oder gar ein Blatt Papier verhalten sich in der Schwerkraft sehr verschieden."

„Die Schwerkraft ist das, was diese Unterschiede deutlich macht?"

„Ja."

„Hm – das ist einleuchtend. ... Und der Würfel ist sozusagen der regelmäßige Son-derfall eines Kubus?"

„Ja."

„Wenn sich die kürzeste Seitenlänge von Dir senkrecht zur Erdoberfläche befindet, also nach unten weist, ist Deine Lage am stabilsten. Ein Brett liegt sicher und fest, wenn seine kürzeste Seitenlänge, also seine Dicke nach unten zeigt. Oder einfacher gesagt: Du liegst am sichersten, wenn Du auf einer Deiner beiden größten Flächen liegst.

Hm ... gibt es sonst noch einen Unterschied?"

„Nein."

„Danke, Kubus. ... Ho!"

So richtig haben mich die Betrachtung der Kugel und des Kubus ja noch nicht weitergebracht ...

VI 3. f)   Der Kegel

„Hallo Kegel – kannst Du mir etwas über Dich erzählen?"

„Ich bin die Schwester der Kugel und der Bruder des Dreiecks. Ich bin ein Drittel des Zylinders. Ich bin geformtes Feuer. Ich helfe Dir."

„Das ist ja beinahe eine lyrische Antwort ... Deine Grundfläche ist rund – also bist Du mit der Kugel verwandt; Dein senkrechter Querschnitt ist ein Dreieck; Dein Volumen ist ein Drittel des Zylinders auf Deiner Grundfläche und mit Deiner Höhe; und Du hilfst bei der Kundalini-Meditation.

Was gibt es denn sonst noch?"

„Was hast Du denn gerade übersehen?"

„Hm – Deine Zielstrebigkeit? Deine klare Ausrichtung auf einen Punkt, also auf Deine Spitze? Deine Verwandtschaft mit dem Sternzeichen Schütze?"

„Du kommst der Sache näher. Ich bin der Pfeil des Schützen, das Verlangen des Yogis, die Sehnsucht der jungen Maid, der Blitz, der zum Himmel aufsteigt – und der Dichter im Sturm."

„Hm – die Lyrik scheint ja zu Dir zu gehören ... das ist mir ja ausgesprochen sympathisch ... Der Pfeil des Schützen ist die zielgerichtete Kraft des Sternzeichens Schütze; das Verlangen des Yogis ist aufsteigende Kundalini-Feuer; die Sehnsucht der Maid ist die Sexualität; der aufsteigende Blitz ist die Kundalini, die das Bindhu weckt; und der Dichter im Sturm – ist da die unbeirrte Selbsttreue und die Ausrichtung auf die eigenen Ziele?"

„So kann man es nennen."

„Hm – gibt es da noch mehr?"

„Ich könnte Dir noch viele Verse singen, aber die Essenz bliebe dieselbe."

„Dann vielen Dank, Kegel!"

„Es war mir ein Vergnügen."

„Ho!"

VI 3. g) Die Quadrate-Fläche

„Hallo, Quadrate-Fläche, gibt es bei Dir eine Besonderheit?"

„Ich bin die einfachste Aufteilung einer Fläche: parallele, gleich weit voneinander entfernte Linien in zwei Richtungen, die im rechten Winkel zueinander stehen."

„Ja – das ist schlicht und übersichtlich geordnet ... Das hat eine Strenge, eine Trennung und eine harte Festlegung – wie das astrologische Quadrat. Das hat zudem eine Vierer-Symmetrie: von jeder Kreuzung aus vier Richtungen in demselben Winkel-Abstand zueinander.

Gibt es da nicht noch mehr?"

„Nein – das ist so schlicht. Das ist Ordnung."

„Ja ... so ist das wohl ... Danke!"

„Bitte."

„Ho!"

VI 3. h)   Die Dreiecke-Fläche

„Hallo Dreiecksfläche – magst Du etwas zu Dir sagen?"

„Schau doch hin! Ich sag Dir, wenn was nicht stimmt an dem, was Du sagst."

„Ja, gut – so können wir's auch machen.

Also: Du entstehst durch parallele, gleich weit voneinander entfernte Linien in drei Richtungen, die im einem 120°-Winkel zueinander stehen. An jeder Ecke treffen sich sechs Dreiecke – Du bist also kommunikativer als die Quadrate-Fläche. Während die Quadrate-Fläche druckresistent ist, kann man bei Dir sozusagen die Dreiecke zusammenschieben. Die Quadrate-Fläche ist statisch, Du bist eher organisch oder etwas ähnliches.

Hm ... noch etwas?"

„Meine Dreiecke sind eigenständig und stabil. Wenn bei einem Quadrat die Ecken Gelenke sind, kannst Du es zusammenfalten – das geht bei meinen Dreiecken nicht."

„Das heißt, daß bei der Dreiecks-Fläche die Einzelformen sehr stabil sind, während bei der Quadrate-Fläche die Gesamtform sehr stabil ist ...

Noch etwas?"

„Nein."

„Na gut ... Danke."

„Bitte."

„Ho!"

VI 3. i)   Die Waben-Fläche

„Hallo Waben-Fläche – welchen Charakter hast Du?"

„Ein paar Dinge hast Du ja schon gesehen, oder?"

„Dich kann man nicht aus durchgehenden, parallelen Linien konstruieren. Du bist also individueller.

Deine Hexagone nähern sich Kreisen an. Das klingt, als ob Du am eigenständigsten wärest.

Deine Verbindungslinien sind im Verhältnis zu der Fläche, die sie umgeben, am sparsamsten – deshalb bauen auch die Bienen Waben. Du bist in Bezug auf die Länge der Linie die effektivste Flächenaufteilung.

Bei Dir treffen sich nur drei Flächen an einer Ecke, beim Quadrat vier und beim Dreieck sechs. Bist Du daher wenig kommunikativ?"

„Bedenke auch die Anzahl der Ecken."

„Ah ja – das Dreieck hat an drei Ecken je fünf Kontakte – macht 15 Kontakte. Das Quadrat hat an vier Ecken je drei Kontakten – macht 12 Kontakte. Das Hexagon hat

an sechs Ecken je drei Kontakten – macht 18 Kontakte. Hm – dann bist offenbar doch Du am kommunikativsten. "

„Sei genau – Du hast einige Flächen doppelt gezählt. "

„Oh – ja ... also noch einmal: Das Dreieck berührt insgesamt die Spitzen von 12 anderen Dreiecken und die Seiten von 3 anderen Dreiecken. Das Quadrat berührt insgesamt die Spitzen von 8 anderen Quadraten und die Seiten von 4 anderen Quadraten. Das Hexagon berührt insgesamt die Spitzen von 6 anderen Hexagonen und die Seiten von denselben 6 Hexagonen.

Schau einer an – das Hexagon berührt die wenigsten Ecken von anderen gleichen Flächen, aber es berührt die meisten Flächen der umliegenden Flächen – und es berührt alle umliegenden Flächen sowohl mit den Ecken als auch mit den Seiten. Das bedeutet, daß die Hexagon-Fläche die festesten Bindungen ausbildet und zugleich die ausgeprägtesten Individuen bildet. Das ist mir ausgesprochen sympathisch.

Hm – ist das alles? "

„Geometrisch gesehen ja. Aber hast Du es auch von der Qualität her erfaßt? "

„Ich glaube schon: Dreiecksfläche – dynamisch; Quadratfläche – statisch; Wabenfläche – organisch.

Ist das so o.k.? "

„Es ist für Deine Zwecke ausreichend genau. "

„Ja ... Danke! "

„Bitte. "

„Ho! "

VI 4. Zweite Zusammenfassung

Es gibt ein paar Dinge, um die sich die erste Zusammenfassung durch die vorangegangen Betrachtungen und Traumreisen ergänzen lassen.

VI 5. a) Tetraeder

Der Tetraeder bildet gerne große Verwandten-Gemeinschaften, denn er hat viele Kontakte innerhalb seiner Familie, wodurch ein großer Familien-Zusammenhalt entsteht. Aufgrund seiner Familien-Bezogenheit hat er nur wenig Kontakte zu anderen außerhalb seiner Familie und auch sein Selbstausdruck ist eher schlicht.

Raumfüllende Gemeinschaften kann er jedoch nur zusammen mit dem Oktaeder bilden. Er bleibt unter seinesgleichen und hat keinen Bruder und Freund außerhalb seiner Gruppe.

Er ist sachlich-trocken, bodenständig, schlicht, schweigsam, eher kontaktscheu, manchmal knurrig-unwirsch, hat eine eindeutige Motivation, ist entspannt und mühelos auf das Wesentlich ausgerichtet und läßt sich nicht durch äußere Dinge ablenken. Er will das ganz erleben, was gerade geschieht.

Er sendet von seiner Mitte her durch seine vier Spitzen vier Strahlen aus, die sehr gerade und gebündelt sind – wie Laserstrahlen.

Er weckt das Stirn-Zwischenchakra und das Scheitelchakra. Wenn der Tetraeder um den Betrachter rotiert, sind dies ca. 6 Umdrehungen pro Sekunde. Die Rotation im Uhrzeigersinn richtet die Wirkung nach oben hin aus regt das Scheitelchakra und die Sushumna an. Gegen den Uhrzeigersinn richtet sich die Wirkung nach unten und sie regt das Halschakra an und macht weiterhin das Wurzelchakra der Erde, also ihren glühenden Eisen/Nickel-Kern sichtbar und bewußt und stellt einen Kontakt zu ihm her. Diese Wirkungen gehen vom Wurzelchakra aus.

Es gibt in ihm ein Gleichgewicht von Innendruck und Zusammenziehen sowie ein Gefülltsein und Erfülltsein. In ihm ist eine natürliche, mühelose und stabile Stille. Er schafft Raum um sich und macht seine Umgebung hell. In ihm ist mehr Potential als Impulse. In einem Raum voller Tetraeder (Kugel-Lagerung) ist ein 'hitzefreies Glühen'. Dort gibt es einen 'Chor von Stille'.

Seien Grundhaltung ist 'von innen nach außen'. Er wirkt auf die Genitalien und fördert dort den Sex; und er wirkt auf das Gehirn und fördert dort die Erleuchtung.

Der Tetraeder wird traditionell dem Element Feuer gleichgesetzt. Dieses Feuer scheint angesichts dieser Charakterisierung eher eine innere Glut als äußere Flammen zu sein.

VI 5. b) Oktaeder

Der Oktaeder kann zusammen mit dem Tetraeder große raumfüllende Gemeinschaften bilden und hat mittelviele Kontakte. Sein Bruder und Freund ist der Würfel. Er wird traditionell dem Element Luft gleichgesetzt.

Er ist Luft-untypischerweise schweigsam und zeigt sich nur selten.

Er ist ein **dreifacher Dipol** und hat dadurch eine klare Raumorientierung. In ihm liegt eine Ruhe, aber nicht die Stille des Tetraeders.

Er unterscheidet Innen und Außen, ordnet und hat eine statische Stabilität. Er ist eine Schutzhülle, die nah am Körper ist – sozusagen eine zweite Haut.

Er hilft sich klar auszurichten. Er fördert das Hara und das Dritte Auge sowie die Leber und die Galle.

Die Ausrichtung im Oktaeder, bei der man nach vorne auf eine Spitze schaut, fühlt sich am organischsten an. Das Oktaeder ist dann wie die Schutzhülle der Aura mit den sechs Hauptkontaktpunkten nach außen hin: die Verbindung vom Scheitelchakra nach oben (Inspiration), die Verbindung vom Wurzelchakra nach unten (Kraft, Kundalini), die Verbindung vom Herzchakra nach hinten (Unterstützung durch die Eltern), nach vorne (eigene Ziele im Leben), nach rechts zum 'heilen inneren Mann' und nach links zur 'heilen inneren Frau'.

Im Oktaeder gibt es eine gelassene Innen/Außen-Unterscheidung, für die keinerlei Anstrengung notwendig ist. Dadurch entsteht ein Lächeln der Selbstgewißheit und der Selbstsicherheit.

In einem Gefüge aus Oktaedern und Tetraedern fühlt es sich nach einem lockeren Zusammenhalt an.

VI 5. c) Würfel

Der Würfel kann große Gemeinschaften bilden und hat dabei einen großen Gruppen-Zusammenhalt, der starr-konstruktiv, druckresistent und trennend ist. Er hat nur mittelviele Außenkontakte. Sein Bruder und Freund ist der Oktaeder. Er wird traditionell dem Element Erde gleichgesetzt.

Das Kleine Pentagramm-Ritual und das Große Pentagramm-Ritual stellen einen Schutz nach den sechs Seiten hin dar: einen Kreis unten, vier Pentagramme in den vier Richtungen und ein Hexagramm oben. Mit diesen Ritualen werden die Elemente angerufen. Auch die Hexagramm-Rituale, mit denen die Planeten angerufen werden, haben diese sechs Seiten, die jedoch manchmal auf die vier Himmelsrichtungen reduziert werden.

Dadurch, daß der Würfel einen geschützten Raum erschafft, wirkt er erleichternd auf Herz und Lunge. Dieser Raum ist einen halben Meter von der Haut des Menschen entfernt, der imaginativ in ihm sitzt – der Würfel ist die Außenfläche der Aura, des Lebenskraftkörpers.

Der Würfel ist gerade, eckig, geordnet, starr, stabil, geformt, raumfüllend, fest, kühl, sachlich, statisch, getrennt, ruhig dastehend und stapelbar. Er ist nicht aktiv und will nichts. Er ist wie eine äußere Mauer, ein Gartenzaun – der Blick ist dabei auf eine Fläche und nicht auf eine Spitze bzw. Kante gerichtet. Er ist gesprächiger als Tetraeder und Oktaeder. Er ist, was er ist. Er grenzt sich ab von der Welt und meditiert.

Der Würfels wirkt auf das Sonnengeflecht und das Halschakra: Er ermöglicht einen markanteren Selbstausdruck – und schützt das Herzchakra.

Der Würfel stellt manchmal einen Altar oder ein Fundament dar und erscheint manchmal auch in der alchemistischen Symbolik als Tisch.

VI 5. d) Ikosaeder

Der Ikosaeder ist ein Individuum, das die Distanz zu anderen Individuen seiner Art wahrt. Es hat einen differenzierten Selbstausdruck und strebt seine eigene Entfaltung und seine ständige Weiterentwicklung an und ist deutlich gesprächiger als die anderen platonischen Körper. Er hat ein großes Volumen im Verhältnis zu seinem Radius, d.h. er strebt nach viel Substanz und Besitz. Sein Bruder und Freund ist der Dodekaeder.

Er hat etwas sehr Lichtes, er hat eine angenehme Hüllen-Spannung, er ist geräumig, er gibt einen freilassenden Halt. Er ist heiter, locker, leicht und entspannt. Man fühlt sich in ihm leicht und wie beleuchtet, erleuchtet und erhellt. Man läßt das Leben fließen und nimmt es leicht und lächelt.

Er entspricht nicht einem der Chakren-Paare, sondern den Lebenskraft-Verbindungen von dem Äußeren des Lebenskraftkörpers zu anderen Menschen und Dingen. Dazu gehört auch der Lichtstrahl nach oben zu Gott und der Feuerstrahl nach unten zu dem Eisen/Nickel-Kern der Erde, also zu dem Wurzelchakra der Erde.

Der Ikosaeder wirkt auf die Haut und die Sinne.

Er wird traditionell dem Element Wasser gleichgesetzt.

VI 5. e) Dodekaeder

Der Dodekaeder ist ein Individuum, das gerne ein wenig Distanz zu anderen Individuen bewahrt. Er hat einen komplexen Selbstausdruck und strebt eine runde, vollständige Selbstverwirklichung sowie seine eigene ständige Weiterentwicklung an.

Trotzdem ist er ausgesprochen freundlich. Sein Bruder und Freund ist der Ikosaeder. Er wird traditionell dem Element Licht bzw. der Quintessenz gleichgesetzt.

Er ist wortkarg, eigenwillig, individuell, unruhig, skorpionisch und voller Widersprüche sowie am bewußtesten von allen fünf platonischen Körpern. Er wirkt ein wenig dunkel, ist kraftvoll und sucht nach Erlebnissen und Erfahrungen. Er ist auf eine gesunde Weise egoistisch und egozentrisch. Er ist direkt, und kann sich durchsetzen. Er hat eine Gier nach Leben und Intensität.

Der Dodekaeder ist zwar eng mit dem Pentagramm verwandt, aber wird selber lediglich als Form des Grundsteins bei der Gründung einer Waldorfschule, eines Waldorfkindergartens oder einer ähnlichen anthroposophischen Einrichtung verwendet.

VI 5. f) allgemein

Alle fünf platonischen Körper sind zum einen sehr klar wahrnehmbar und zum anderen sehr leicht zu imaginieren – es erscheint sehr schnell ein klares, farbiges, räumliches Bild mit glänzenden Flächen und scharfen Kanten. Es ist wirklich sehr auffällig, wie sehr viel deutlicher diese Bilder als andere Imaginationen oder Wahrnehmungen sind.

Die Chakren in der folgenden Übersicht sind keine präzise Analogie, sondern nur eine Verwandtschaft: Die platonischen Körper haben Ähnlichkeiten mit diesen Chakren, aber sie haben nicht genau dieselben Eigenschaften und sind auch nicht dasselbe.

Die Wirkungen der platonischen Körper					
Thema	**platonische Körper**				
	Würfel	*Dodekaeder*	*Oktaeder*	*Tetraeder*	*Ikosaeder*
Bewußtsein	Rhythmus, Selbstbestimmtheit, Selbstausdruck	Individualität, Durchsetzung, Selbsttreue, Direktheit, Lebensdurst	Selbstwahrnehmung, Unterscheidung von Innen/Außen	Ekstase (Sex u.a.), Gedankenstille, Kundalini, ordnend	Lächeln, Heiterkeit, Leichtigkeit, Fließenlassen
Chakren	Herzchakra; sekundär auch Sonnengeflecht, Halschakra	Sonnengeflecht, Halschakra; Hara, Drittes Auge	Hara, Drittes Auge	Wurzelchakra, Scheitelchakra	Außenverbindungen
Organe	Herz, Lunge	verschiedene Organe	Leber, Galle	Genitalien, Gehirn	Haut, Sinne
Krankheiten	Herz- und LungenKrankheiten	verschiedene Krankheiten	Leber- und GallenKrankheiten	Sex-Sucht u.ä.; Wahnsinn	Krankheiten von Haut und Sinnen
Fähigkeiten	Selbsterkenntnis, Abgrenzung	Selbstausdruck	Unterscheidung, Abgrenzung, Selbsttreue	Austausch, Kontakt, Geborgenheit, Urvertrauen	Erleben

VII Magie-Experimente

Auf der Grundlage der bisherigen Betrachtungen und Experimente kann man nun auch Experimente im Bereich der Magie entwerfen und durchführen.

VII 1. Die bisherigen Ergebnisse

Die wichtigsten bisherigen Beobachtungen, die man evtl. auch in der Magie nutzen könnte, sind:

- Tetraeder:
    - Gedanken-Stille
    - Kundalini-Anregung
    - Sex
    - Austausch, Kontakt, Urvertrauen, Geborgenheit
    - Wurzelchakra/Scheitelchakra

- Oktaeder:
    - Unterscheidung Innen/Außen
    - organische Hülle
    - Selbsttreue
    - Hara/Drittes Auge

- Würfel:
    - anorganische Hülle, Schutz
    - Selbsterkenntnis, Abgrenzung
    - Herzchakra; Sonnengeflecht/Halschakra

- Dodekaeder:
    - Individualität
    - Selbstausdruck
    - Lebensdurst
    - Durchsetzungsvermögen
    - Sonnengeflecht/Halschakra

- Ikosaeder:
    - Frohsinn, Leichtigkeit, Fließenlassen
    - Erleben
    - Außenverbindungen

VII 2.   Weitere Versuche

Die folgenden Versuche sind in erster Linie Forschungs-Experimente – wie die Ergebnisse dieser Versuche in der Magie verwendet werden können, muß sich erst noch zeigen.

VII 2. a)   Kundalini-Meditation

Bei meinem ersten Versuch heute (noch vor den Traumreisen) mit der Imagination eines roten Tetraeder in meinem Wurzelchakra bei meiner Kundalini-Meditation sind verschiedene Phänomene aufgetreten:

- Die Konzentration wurde einfacher.

- Die Imagination wurde klarer.

- Der Tetraeder war deutlich fester, sicherer und ruhiger im Zentrum als das rote Dreieck und der rote Kegel, die ich bisher in meinem Wurzelchakra imaginiert habe und die ich während meiner Meditation von Zeit zu Zeit neu imaginieren mußte.

- Die vier Seiten des Tetraeders haben geglänzt. Sie ließen sich sehr leicht farbig, d.h. in Rot imaginieren.

- Der Tetraeder hat einen Strahl nach oben gesandt (Sushumna) und drei Strahlen seitlich nach unten, die wie „Wurzeln in der Erde" waren – also vier Strahlen, die jeweils von der Mitte des Tetraeders aus durch die vier Spitzen des Tetraeders nach außen reichen (das sieht dann aus wie ein Methan-Molekül, also CH_4). Das hat sich sicher und ruhig und geerdet angefühlt. Die Dreizahl der „Wurzeln" scheint dabei eine tiefere Bedeutung zu haben.
Der Tetraeder hat nach einer Weile um seine senkrechte Achse (Sushumna) zu rotieren begonnen und ist dadurch zu einem Kegel geworden.

Der erste Eindruck, den diese veränderte Imagination gemacht hat, ist ausgesprochen gut. Ob das jetzt nur ein „Lebendigkeit durch Neuheit"-Effekt ist oder ob der Tetraeder dauerhaft effektiver als Dreieck und Kegel ist, muß sich noch rausstellen. Danach müßte man noch herausfinden, ob die Imagination eines roten Tetraeders im Wurzelchakra bei anderen Menschen dieselbe Wirkung hat wie bei mir.

- - -

Auch nach einigen Tagen ist die Imagination eines roten Tetraeders in meinem Wurzelchakra noch immer sehr wirkungsvoll. Sie ist zum einen deutlich leichter imaginierbar als das Dreieck und der Kegel und zum anderen glänzt der Tetraeder und ist intensiv sichtbar und geradezu greifbar, und drittens richtet er die Sushumna nach oben hin wie eine gerade, aber elastische Linie aus – dafür ist kaum noch zusätzliche Imagination notwendig.

VII 2. b)   Die platonischen Körper in den Chakren – Teil 1

Die Verwandtschaft der platonischen Körper mit den Chakren legt es nahe, einmal zu schauen was geschieht, wenn man die platonischen Körper entsprechend dieser Verwandtschaften in den Chakren imaginiert – die Wirkung des Tetraeders im Wurzelchakra ist ja ausgesprochen groß.

Es wäre nun naheliegend, nach und nach alle 5 platonischen Körper in allen 7 Chakren zu imaginieren, also insgesamt 35 Versuche zu machen, aber ich frage mich, ob das sonderlich weise wäre. Mir ist es sympathischer, nur die Versuche durchzuführen, bei denen mir die Kombination von Chakra und platonischem Körper sympathisch erscheint. Fünf mir noch ziemlich unbekannte Qualitäten in meine sieben Chakren zu holen, scheint mir doch die Möglichkeit zu enthalten, daß so einiges passiert könnte, womit ich nicht gerechnet habe. Andererseits ist die Wirkung der Imagination des Tetraeders in meinem Wurzelchakra recht beeindruckend.

Daher scheint es mir am sinnvollsten zu sein, zunächst einmal nur die Kombinationen von Chakra und platonischem Körper zu erforschen, die mir sympathisch erscheinen. Wenn ich dann die Wirkungen weiß, kann ich ja evtl. noch andere Kombinationen ausprobieren.

Daher werde ich diese Experimente auf später verschieben.

VII 2. c)   Die platonischen Körper im Raum

In der Ritual-Magie werden oft Symbole wie Kreise, Pentagramme und Hexagramme im Raum imaginiert – oft als Teile eines Mandalas. Es gibt auch einige Versionen, in denen man z.B. eine Pyramide imaginiert, in der man steht.

Es liegt somit nahe, auch einmal die platonischen Körper als Hülle des eigenen Standortes zu imaginieren, also sich in den platonischen Körper zu stellen. Vermutlich haben sie Qualitäten, die man dann in Ritualen nutzen könnte.

Tetraeder

Es entsteht sofort ein hoher Druck im Sonnengeflecht, der sich dann über das Herzchakra bis zum Halschakra ausbreitet. Das ist nicht die übliche Wahrnehmung der Chakren, sondern etwas anderes.

Es entsteht das Gefühl der Enge – der Tetraeder ist die komprimierteste Form. Der Tetraeder muß sehr groß sein, damit ich überhaupt vollständig in ihm stehen kann – die drei Ecken der Grundfläche und auch die Spitze oben reichen weit in den Raum hinein (und über mein Zimmer hinaus).

Es entsteht Konzentration und schon nach kurzer Zeit die Gedankenstille.

Ich nehme rings um mich andere Tetraeder wahr. Mir wird bewußt, wieviele Tetraeder rings um mich an meinen Tetraeder anschließen – warum sie da sind, weiß ich nicht, aber ich erlebe mich als Teil eines Gefüges. Vier andere Tetraeder docken mit ihren Flächen an, sechs weitere mit ihren Kanten – sind da noch vier weitere, die meine Ecken mit ihren Ecken berühren? Ich fühle mich wie ein Zellkern in einer Zelle, die Teil eines Zellverbandes ist.

Diese Wahrnehmungen sind sehr intensiv und offenbar auch sehr stabil.

Diese Imagination ist offensichtlich für die Erzeugung einer Gedankenstille und für das Herstellen von inneren Kontakten geeignet sowie vermutlich auch für das Erwecken der Kundalini. Dieser dritte Punkt ergibt sich jedoch nur aus meinen Erfahrungen mit der Imagination des Tetraeders in meinem Wurzelchakra.

Oktaeder

Ich habe eine Weile nach der passenden Position in dem Oktaeder gesucht und bin schließlich bei der Version geblieben, bei der eine Spitze direkt vor mir ist und sich die vier mittleren Spitzen des Oktaeders (die ein waagerechtes Quadrat bilden) auf der Höhe meines Gürtels befinden.

Es entsteht eine große Gelassenheit und das Gefühl von Schutz und Sicherheit. Mein Scheitelchakra wird aktiv. Es entsteht eine Ruhe in mir, in der ich nichts denke, aber die sich trotzdem deutlich anderes als die Gedankenstille des Tetraeders anfühlt – es ist lediglich ein Nicht-Denken, aber keine eigenständige Gedankenstille-Qualität.

Es drängt sich das Bild von drei Kreisen auf, die jeweils vier der sechs Spitzen des Tetraeders berühren: 1. vorne – unten – hinten – oben – vorne; 2. vorne – links – hinten – rechts – vorne; und 3. oben – links – unten – rechts – oben. Die Ergänzung der Tetraeder-Imagination durch diese drei Kreise kommt ganz von selber.

Mir sind zudem die sechs Kreuzungs-Punkte dieser drei Kreise als die Kontaktpunkte nach außen bewußt: oben – Licht; unten – Feuer; vorne – Ziele; hinten –

Rückhalt; rechts – innerer Mann; links – innere Frau. Das ruft natürlich auch den Punkt im Zentrum, d.h. mein Herzchakra, in dem meine Seele wohnt, in mein Bewußtsein.

Diese Imagination kann offensichtlich bei der Herstellung von Schutz, Gelassenheit, Orientierung und Klarheit helfen.

Würfel

Diese Imagination fühlt sich vertraut an – es ist wie in einem Zimmer zu stehen. Der Oktaeder ist wie eine innere Schutzhülle, der Würfel ist hingegen eine äußere Schutzhülle – sie ist ein Stück von mir entfernt.
In dem Tetraeder und in dem Oktaeder habe ich völlig reglos dagestanden – in dem Würfel habe ich mich bewegt.
Während sich der Oktaeder zwar symmetrisch, aber trotzdem organisch angefühlt hat, fühlt sich der Würfel als Umraum anorganisch und technisch an – er ist vollkommen neutral. Es gibt möglicherweise auch andere Würfel ringsum, aber die berühren meinen Würfel nicht … und die interessieren mich auch nicht.
Der Würfel erschafft das, was die Engländer „splendid isolation" nennen, also eine Abgrenzung und Abschottung und Isolierung, die man will und in der man sich wohlfühlt und in der man sich ungehindert entfalten kann.

Der Würfel entspricht offensichtlich den in der Magie üblichen Schutzritualen, bei denen oben, unten und in den vier Himmelsrichtungen ein Symbol imaginiert wird.

Dodekaeder

Es entsteht sofort eine kriegerische Haltung; ein Druck von innen nach außen hin und etwas Aggressives. Ich nehme sofort die Grundhaltung der östlichen Kampfsportarten ein und stehe fest und kampfbereit auf dem Boden. Da ist eine Bereitschaft mich zu behaupten und mich durchzusetzen.
Es fühlt sich rund und vollständig und bereit, kampfbereit an. Ich balle meine Hände zu Fäusten und meine Körperspannung steigt. Ich bin mir sehr bewußt, daß es 12 Pentagone rings um mich sind und daß „12" die Anzahl der Tierkreiszeichen ist.

Diese Imagination ist offensichtlich mit dem Planeten Mars verwandt: Der Dodekaeder ist der Tempel eines Kriegers.
Wenn man Entschlußfreude, Tatkraft und Kampfbereitschaft braucht, könnte die Imagination der Dodekaeders als Umraum um einen selber hilfreich sein.

Ikosaeder

Diese Form ist wirklich das Gegenstück zum Dodekaeder – nicht nur in geometrischer Hinsicht, sondern auch in qualitativer Hinsicht.

Ich stehe fest und sicher und völlig gelassen da, ich fange an zu lächeln, da ist eine Freundlichkeit gegenüber dem Leben und allen Wesen da, es ist licht und heiter, ich bin zu allen Arten von Begegnungen bereit, ich bin mir völlig sicher, daß nur das kommen wird, was gut für mich ist und was ich genießen kann …

Mein Lächeln wird immer stärker und schließlich muß ich sogar leise vor mich hin lachen …

Ich spüre sehr deutlich, daß der Ikosaeder mit dem Dodekaeder verwandt ist. Ich sehe sogar kurz den Dodekaeder in dem Ikosaeder: Jede der 20 Spitzen des Dodekaeders berührt eine der 20 Dreiecks-Flächen des Ikosaeders genau in deren Mitte. Das ruft das Gefühl einer inneren Kraft hervor, durch die ich so gelassen und offen für alle Kontakte dastehen kann.

Das hat mich auch sofort an den Oktaeder im Würfel erinnert: Auch die sechs Spitzen des Oktaeders berühren genau die Mitten der sechs Seiten des Würfels, der sich rings um den Oktaeder befindet. Der Oktaeder ist der innere Schutz und der Würfel der äußere Schutz und dort, wo sich die beiden Schutzhüllen an sechs Stellen berühren, befinden sich die sechs Haupt-Kontaktpunkte nach außen hin.

Der Dodekaeder ist offenbar dafür geeignet, Kontakte zur Welt zu knüpfen und sich mit einer lächelnden Gelassenheit in der Welt zu bewegen.

VII 2. d)   Die platonischen Körper in den Chakren – Teil 2

Offensichtlich bilden die fünf platonischen Körper drei Gruppen:

1. der Tetraeder als Einzelform,
2. der Oktaeder als innerer Schutz zusammen mit dem Würfel als äußerer Schutz, und
3. der Dodekaeder mit der Qualität der Selbstbehauptung zusammen mit dem Ikosaeder, der die lächelnde Gelassenheit verkörpert.

Was noch fehlt, ist die Imagination des umgekehrten Tetraeders im Tetraeder – der Tetraeder ist schließlich zu sich selber dual. Welche Wirkung hat diese Form? Nun – ausprobieren …

… … …   … … …   … … …

Hm – echt spannend!

Als ich mich in einen aufrechten Tetraeder (Spitze nach oben) gestellt habe und dann um ihn herum einen umgekehrten Tetraeder (Spitze nach unten) imaginiert habe, habe ich mich im ersten Augenblick bedrückt und beengt und bedroht gefühlt. Dann habe ich gemerkt, daß mich der äußere Tetraeder trägt, daß ich in ihm geborgen bin – das war ein Gefühl wie im Mutterbauch. Ich bin da, ich bin ich, ich tue was ich will, aber ringsum ist eine Mutter, die auf mich aufpaßt, die mich beschützt.

Als ich mich dann in einen umgekehrten Tetraeder (Spitze nach unten) gestellt und um ihn herum einen aufrechten Tetraeder (Spitze nach oben) imaginiert habe, habe ich ein völlig anderes Gefühl gehabt. Ich brauche nichts zu tun, ich kann mich entspannen … und außen ist ein Vater, der sich um alles kümmert, der alles für mich tut.

Jetzt verstehe ich auch, warum bei der Imagination des Tetraeders im Wurzelchakra die Gedankenstille entsteht, die doch zum Scheitelchakra gehört: Im Scheitelchakra ist der umgekehrte Tetraeder – und beide Tetraeder sind, weil sie dual zueinander sind, durch die Sushumna miteinander verbunden!

Die drei dualen Paare von platonischen Körpern entsprechen offensichtlich den drei Grundqualitäten der Entwicklung, die u.a. von Sigmund Freud beschrieben worden sind. In diesen drei Phasen werden idealerweise die drei heilen Grundeigenschaften entwickelt: Geborgenheit, Stärke und Selbstliebe. Diese drei Eigenschaften entsprechen auch den drei Chakrenpaaren.

Wenn diese drei Eigenschaften nicht entwickelt werden können, entstehen drei verschiedene leidvolle Polarisierungen.

    1. <u>Tetraeder / umgekehrter Tetraeder</u>:
- Freud: orale Phase (0-1 Jahr)
- Qualitäten: Geborgenheit, Nähe, Ernährtwerden, Urvertrauen
- Chakren: Wurzelchakra und Scheitelchakra (Kontakt)
- mögliche Probleme: Polarisierung in Süchtiger/Asket

    2. <u>Oktaeder / Würfel</u>:
- Freud: anale Phase (1-3 Jahre)
- Qualitäten: Unterscheidung, Abgrenzung, Klarheit, Kraft
- Chakren: Hara und Drittes Auge (Abgrenzung)
- mögliche Probleme: Polarisierung in Täter/Opfer

3. <u>Dodekaeder / Ikosaeder</u>:
  - Freud: phallische Phase (3-12 Jahre)
  - Qualität: Zentrierung, Selbstbestimmung, Selbstliebe
  - Chakren: Sonnengeflecht und Halschakra (Selbstausdruck)
  - mögliche Probleme: Polarisierung in Star/Fan

Jetzt erscheinen die platonischen Körper auf einmal sehr schlicht und klar und fügen sich mühelos in mein übriges Weltbild ein. Erstaunlich …

Das, was die platonischen Körper an Neuem bieten, wenn man sie mit den Freud'schen Phasen oder mit den Chakren vergleicht, ist eine differenziertere Darstellung der Grundlagen, die für die Entfaltung der Chakren notwendig sind. Es gibt zu jedem Entwicklungsschritt, der jeweils einem Chakren-Paar entspricht, zwei Qualitäten, die notwendig sind, um diesen Entwicklungsschritt zu tun:

1. das Erlangen der Geborgenheit in der oralen Phase:
  - aufrechter Tetraeder: das Handeln-können im Schutz der Mutter
  - umgekehrter Tetraeder: das Ausruhen-können in der Obhut des Vaters

2. das Erlangen der Kraft in der analen Phase:
  - Oktaeder: Schutz gegen Äußeres, Unterscheidung, Verbindungen
  - Würfel: Schutz des Inneren, Wehrhaftigkeit, Abgrenzung

3. das Erlangen der Selbstliebe in der phallischen Phase:
  - Dodekaeder: ungehemmter Selbstausdruck
  - Ikosaeder: Eigenständigkeit in allen Kontakten nach außen

Offenbar entsprechen diese paarweisen Qualitäten den drei Chakrenpaaren:

1. das Erlangen der Geborgenheit in der oralen Phase:
  - aufrechter Tetraeder – Wurzelchakra:
    das Handeln-können im Schutz der Mutter
  - umgekehrter Tetraeder – Scheitelchakra:
    das Ausruhen-können in der Obhut des Vaters

2. das Erlangen der Kraft in der analen Phase:
  - Würfel – Hara:
    Schutz des Inneren, Wehrhaftigkeit, Abgrenzung
  - Oktaeder – Drittes Auge:
    Schutz gegen Äußeres, Unterscheidung, Orientierung

3. das Erlangen der Selbstliebe in der phallischen Phase:
   - Dodekaeder – Sonnengeflecht:
     ungehemmter Selbstausdruck
   - Ikosaeder – Halschakra:
     Eigenständigkeit in allen Kontakten nach außen

Das fühlt sich ausgesprochen stimmig an. Ich hatte auch schon überlegt, ob ich mal den Ikosaeder im Halschakra und evtl. auch den Oktaeder im Hara imaginieren sollte, weil mir das jeweils verwandte Qualitäten zu sein schienen.

Aber warum in aller Welt paßt das nun überhaupt derartig gut zusammen??? Dafür scheint es doch zunächst einmal überhaupt keinen Grund zu geben ... Die Grundlage ist die Folge von drei Entwicklungsschritten, die sich u.a. auch bei den Chakren-Paaren findet: Impuls – Form – Kontakt.

Diese schlichte Folge findet sich überall in der Welt: Man will etwas und beginnt es zu tun (Impuls). Dabei stößt man auf Unterstützer und auf Hindernisse, wodurch die Handlung eine konkrete Gestalt anzunehmen beginnt (Form). Schließlich führt die Handlung zu einem Ergebnis, das man dann erlebt und im Idealfall natürlich genießt (Kontakt).

Aber warum gibt es gerade so viele platonische Körper, daß auch sie diesem Drei-Schritt entsprechen?

Wie sind die Chakren in der Übersicht über die platonischen Körper angeordnet? Gibt es da eine Regelmäßigkeit?

Eigenschaften der platonischen Körper			
	Ecken der Flächen		
	3	*4*	*5*
Anzahl der Flächen, die sich an einer Ecke treffen — 3	Tetraeder, *Wurzelchchakra* umgekehrter Tetraeder *Scheitelchakra*	Würfel *Hara*	Dodekaeder *Sonnengeflecht*
4	Oktaeder *Drittes Auge*		
5	Ikosaeder *Halschakra*		

Hier sind drei Symmetrien zu sehen:

1. Die dualen Formen entsprechen den Chakra-Paaren.

2. Die drei oberen Chakren befinden sich auf dem senkrechten „Ast" des Diagramms, die drei unteren Chakren auf dem waagerechten „Ast".

3. Die Folge der Chakren bzw. der platonischen Körper führt von der Ecke zu den „Astspitzen" in der Folge der Entwicklungsphasen, die der Reihenfolge der Chakren entspricht:
  - die Geborgenheit der oralen Phase in dem Winkel links oben,
  - die Kraft der analen Phase in der „Astmitte", und
  - die Selbstliebe der phallische Phase an den „Astspitzen".

Daraus ergibt sich, daß die äußere Entwicklung und die drei oberen Chakren (die für das eigene Verhältnis nach außen hin zuständig sind) der Anzahl der Dreiecke, die sich an einer Ecke des platonischen Körpers treffen, entsprechen: Die Vielfalt der Kontakte ist verschieden.

Die innere Entwicklung und die drei unteren Chakren (die für das eigene Verhältnis nach innen hin zuständig sind) entspricht hingegen der Anzahl der Ecken der Flächen des platonischen Körpers: Die Formen sind verschieden.

Welche Form entspricht dann dem Herzchakra? Das kann eigentlich nur die Kugel sein, da das Herzchakra das Zentrum, der Ursprung und der „Tempel der Seele" ist.

Wenn man die platonischen Körper einem Chakra-Diagramm zuordnet, sieht das wie folgt aus:

109

Chakren und platonische Körper			
Chakra	*Qualität*	*platonischer Körper*	*Qualität*
Scheitelchakra	geistiger Kontakt	*umgekehrter Tetraeder*	das Ausruhen-können in der Obhut des Vaters
Drittes Auge	äußere Form: Orientierung	*Oktaeder*	Schutz gegen Äußeres, Unterscheidung, Verbindungen
Halschakra	sozialer Selbstausdruck	*Ikosaeder*	Eigenständigkeit in allen Kontakten nach außen
Herzchakra	Identität („Tempel der Seele")	*Kugel*	Identität
Sonnengeflecht	körperlicher Selbstausdruck	*Dodekaeder*	ungehemmter Selbstausdruck
Hara	innere Form: Halt in sich selber	*Würfel*	Schutz des Inneren, Wehrhaftigkeit, Abgrenzung
Wurzelchakra	körperlicher Kontakt	*Tetraeder*	das Handeln-können im Schutz der Mutter

In diesem Diagramm erscheint die Kugel gewissermaßen als der platonische Körper, dessen Oberfläche aus unendlich vielen und unendlich kleinen Einzelflächen besteht. Die Kugel ist sozusagen der „Grenzwert", zu dem hin sich die platonischen Körper von oben her und von unten her entwickeln.

Die Kugel als Grenzwert der anderen sechs platonischen Körper, die zudem unendlich viele kleine Flächen als Oberfläche hat, ist ausgesprochen passend, da die Seele im Herzchakra zu einer anderen Ebene gehört als der Körper oder die Lebenskraft, deren Organe die Chakren sind. Auch mathematisch gesehen befindet sich der Grenzwert in einem anderen Bereich als die betrachtete Folge, die auf diesen Grenzwert zuläuft.

Aus der Fülle des Herzens heraus konkretisiert sich die Fülle der Individualität zu einem schlichten, einzelnen körperlichen Erlebnis im Wurzelchakra oder zu einem schlichten, einzelnen geistigen Erlebnis im Scheitelchakra hin.

Wenn man die Zahl der Flächen der platonischen Körper betrachtet, zeigt sich, daß sie bei den drei oberen Chakren stets gleich oder größer als bei den drei unteren Chakren ist:

Scheitelchakra	- Tetraeder	- 4
Drittes Auge	- Oktaeder	- 8
Halschakra	- Ikosaeder	- 20
Herzchakra	- Kugel	- ∞
Sonnengeflecht	- Dodekaeder	- 12
Hara	- Würfel	- 6
Wurzelchakra	- Tetraeder	- 4

Diese ganze Symmetrie hat geradezu etwas Poetisches … so wie bei allen wesentlichen Zusammenhängen in dieser Welt …

Die Kugel hat ihren Platz in der erweiterten Übersicht über die platonischen Körper, die in einem früheren Kapitel angefertigt worden ist, in der Ecke rechts unten. Diese vervollständigte Graphik ist auf der nächsten Seite zu sehen.

Die einzelnen Flächen der regelmäßigen Vielecke entwickeln sich mit zunehmender Anzahl der Flächen hin zum Kreis als ihrem Grenzwert.

Die Anzahl der Linien entwickelt sich mit zunehmender Anzahl der Linien als Grenzwert zum lückenlosen Strahlenbündel.

Die platonischen Körper entwickeln sich mit zunehmender Anzahl der Ecken der Flächen und mit zunehmender Anzahl der Flächen schließlich zur Kugel. Bei der Kugel sind die Anzahl der Ecken, die Anzahl der an einer Ecke zusammenstoßenden Flächen sowie die Kleinheit der einzelnen Flächen unendlich geworden.

Systematik der Platonischen Körper und ihres Umraumes

		Ecken der Flächen								
		1	*2*	*3*	*4*	*5*	*6*	*7*	...	∞
Anzahl der sich an einem Punkt treffenden Flächen	*1*	Punkt								
	2		Linie	Einzel-fläche	Einzel-fläche	Einzel-fläche	Einzel-fläche	Einzel-fläche	...	Einzel-fläche
	3		Strahlen	raum-füllend	raum-füllend	Einzel-körper	Fläche			
	4		Strahlen	raum-füllend	Fläche					
	5		Strahlen	Einzel-körper		...				
	6		Strahlen	Fläche			...			
	7		Strahlen					...		
	...		...						...	
	∞		Strahlen							Kugel

112

VII 2. e)   Die platonischen Körper in den Chakren – Teil 3

Bei den drei unteren Chakren lassen sich die platonischen Körper passend in die klassischen Darstellung der Chakren einfügen – d.h. man kann den platonischen Körper so drehen, daß die Anzahl seiner Ecken der Anzahl der Lotublüten des Chakras entspricht.

Wenn man auf eine Kante des Tetraeders blickt, sieht man vier Ecken – das Muladhara-Chakra (Wurzelchakra) hat vier Blütenblätter.

Wenn man auf eine Ecke des Würfels blickt, sieht man sechs Ecken – das Swadistana-Chakra (Hara) hat sechs Blütenblätter.

Wenn man auf eine Fläche des Dodekaeders blickt, sieht man zehn Ecken – das Manipura-Chakra (Sonnengeflecht) hat zehn Blütenblätter.

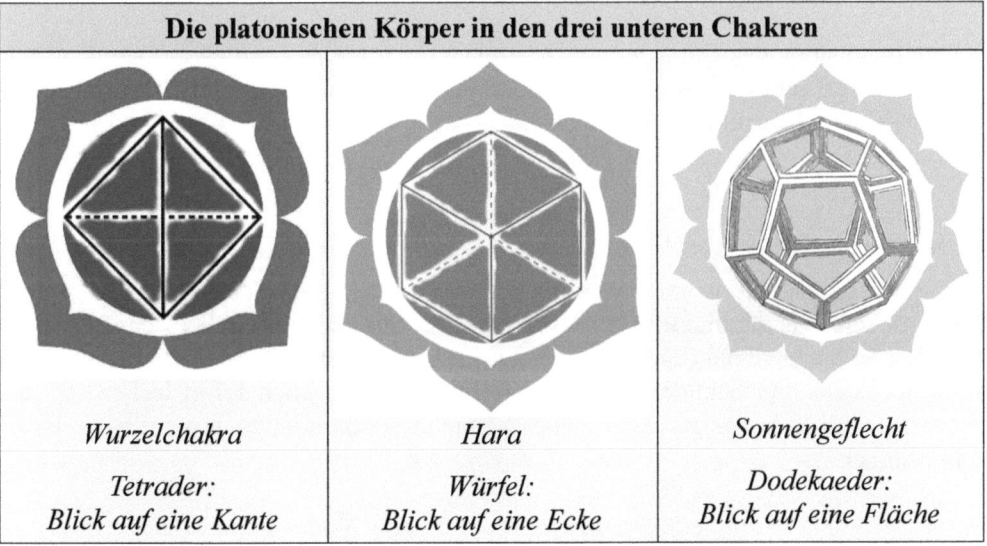

Die platonischen Körper in den drei unteren Chakren		
Wurzelchakra	*Hara*	*Sonnengeflecht*
Tetrader: *Blick auf eine Kante*	*Würfel:* *Blick auf eine Ecke*	*Dodekaeder:* *Blick auf eine Fläche*

Dies ist natürlich kein „Beweis" – aber es ist immerhin eine schöne Übereinstimmung. Bei den drei oberen Chakren ist diese Art der Darstellung nicht möglich.

VII 2. f) Die platonischen Körper in den Chakren – Teil 4

Durch die Betrachtungen im vorigen Kapitel hat sich gezeigt, daß die platonischen Körper keine Entsprechungen zu den vier Elementen, sondern eine Entsprechung zu den sieben Chakren sind.

Die Imagination des Tetraeders im Wurzelchakra benutze ich jetzt schon seit einigen Wochen mit großem Erfolg bei meinen Kundalini-Meditationen. Ich habe mich anfangs darüber gewundert, daß die Imagination des Tetraeders im Wurzelchakra auch mein Scheitelchakra weckt, aber nachdem ich erkannt hatte, daß das Scheitelchakra dem umgekehrten Tetraeder entspricht, ist das vollkommen plausibl geworden.

Da es nun eine schlüssige Zuordnung der platonischen Körper zu den Chakren gibt, kann ich nun auch die Wirkung der Imagination der platonischen Körper in den ihnen entsprechenden Chakren erforschen.

Der Tetraeder im Wurzelchakra

Die Imagination des Tetraeders im Wurzelchakra ruft eine deutlich größere Konzentration hervor, läßt die Wahrnehmung der Sushumna entstehen, ruft die Gedankenstille hervor und weckt das Scheitelchakra.

Der Würfel im Hara

Durch die Imagination eines Würfels im Hara entsteht sofort eine Unerschütterlichkeit, ein selbstverständlicher Halt, ein fest-Dastehen und ein Lachen, das aus einer völligen Selbstgewißheit und Souveränität heraus entsteht. Diese Wirkung ist sofort nach höchstens drei Sekunden eingetreten. Ich mußte wirklich sofort lachen – so als wenn ich endlich etwas gefunden hätte, wonach ich schon lange gesucht habe. Es ist ganz einfach …

Der Dodekaeder im Sonnengeflecht

Durch diese Imagination entstehen sofort Zuversicht, Geradlinigkeit, Direktheit und Unbeirrbarkeit – eine fast schon arrogante Selbstsicherheit, also das Gefühl, daß ich genau das tue, was ich will, und daß das so genau richtig ist.

Die Frage nach dem Erfolg ist dabei gar nicht so wesentlich – das Wichtige ist, daß ich genau weiß, was ich tun werde.

Da ist auch noch ein so ein Strahlen – man könnte es überheblich finden, aber es ist einfach nur eindeutig und entschieden.

Die Direktheit, mit der diese Haltung erscheint, ist unglaublich – die Wirkung tritt wirklich schon nach drei Sekunden ein!

Die Kugel im Herzchakra

Die Imagination einer Kugel in meinem Herzchakra ruft sofort diese breite Lächeln hervor – dieses Honigkuchenpferd-Grinsen, das ich so gut von Herzmeditationen kenne. Die Herzchakra-Kugel ist eine goldene Sonne, sie ist dieses „in Glück und Liebe aufglühen" des erwachenden Herzchakras, wobei dieses Glück nichts braucht und diese Liebe sich auf nichts Konkretes bezieht. Beides sind Eigenschaften des Herzchakras, beides ist die Fülle des Herzchakras, die aus der „Identitäts-Gewißheit" heraus entsteht.

Diese Entdeckung der Imagination der platonischen Körper in den Chakren ist wirklich heftig – so als würden Türen geöffnet, von deren Vorhandensein ich vorher noch garnichts gewußt habe.

Der Ikosaeder im Halschakra

Ich lächle und entspanne mich und schaue voller Gelassenheit und Vorfreude auf die Welt.

Es ist beeindruckend – sowohl die Wirkung selber als auch die Schnelligkeit, mit der sie eintritt.

Der Oktaeder im Dritten Auge

Ich kenne meinen Weg und ich weiß, was wichtig ist und wo es lang geht.

Es ist so schlicht und einfach und es geht so schnell … als wenn ich endlich die Puzzlesteinchen gefunden hätte, die in die Lücke passen und man auf einmal das Bild erkennt, das man da gerade zusammensetzt.

Der umgekehrte Tetraeder im Scheitelchakra

Ich hatte ein etwas mulmiges Gefühl vor dieser Imagination, aber dann habe ich schon nach wenigen Sekunden gespürt, daß der umgekehrte Tetraeder Hingabe ist, daß er die Bereitschaft ist, die Fülle anzunehmen, den Segen der Götter, die Hilfe von außen … Der umgekehrte Tetraeder ist wie ein Trichter, durch den alles Gute zu mir fließt, er ist wie ein Wirbel, der alle Fülle zu mir zieht …

Ich muß nicht alles selber machen …

- - -

Ich bin von meiner eigenen Entdeckung beeindruckt. Ich werde jetzt als nächstes mal mehrere Menschen fragen, ob sie diese Imaginationen auch einmal ausprobieren wollen, damit ich sehen kann, ob bei allen dieselbe Wirkung auftritt.

VII 2. g)   Erfahrungen anderer Menschen

Hier sind die Erfahrungsberichte von weiteren Personen, die diese Imaginationen durchgeführt haben:. Ich habe ihnen nur den Versuch selber beschrieben, aber ihnen erst nach ihren Traumreisen von meinen eigenen Erlebnisse erzählt.

Amadeus

allgemein: Ihm ist aufgefallen, wie schnell, leicht und klar sich die platonischen Körper in den Chakren imaginieren lassen.

Seine imaginierten platonischen Körper waren recht groß und haben über den Körper hinausgeragt und das Chakra mit einer der Spitzen berührt.

Bei seinen Versuchen in seinem Eurythmie-Studium hat Amadeus erlebt, daß dann, wenn er eines der fünf Elemente in einen platonischen Körper imaginiert und dann da heraus tanzt, immer der platonische Körper die Bewegungsdynamik prägt – das Element beeinflußt nur die Substanz, die da tanzt.

Scheitelchakra: Hier hat Amadeus vor allem eine sachliche Raumwahrnehmung gehabt, aber keine Gefühle.

Drittes Auge: Der Oktaeder wirkt beruhigend und schafft Klarheit. Auch hier war die sachliche und weitgehend gefühlsfreie Raumwahrnehmung prägend.

Halschakra: Die Wirkung ist befreiend, er hat mit den oberen Lungen freier geatmet. Der Ikosaeder hatte etwas Merkur-haftes und er mit ihm Künstliche Intelligenz assoziiert. Diese Qualität hat Amadeus auch das künstliche Wesen „Vision" aus dem Marvel-Film „Avengers II" erinnert.

<u>Herzchakra</u>: Die Kugel war für ihn am schwersten imaginierbar, obwohl Amadeus sonst keine Mühe mit dem Imaginieren von Kugeln hat. Sie erschien als dunkelblau. Das Erlebnis war raumhaft und „spacig" und es schienen sich alle Formen aufzulösen.

Entspricht diese Form-Auflösung der Kugel als Grenzwert der platonischen Körper, wenn man ihre Eigenschaften wie z.B. die Anzahl der Flächen gegen Unendlich gehen läßt?

<u>Sonnengeflecht</u>: Er hat einen Dodekaeder innen und einen zweiten um sich herum gesehen. Das Gefühl war Kraft, Selbstbewußtsein, Zentrierung und Selbstsicherheit.

<u>Hara</u>: Er hat ein dunkles Blau und ein sattes Dunkelgrün, das sich wie Aloe anfühlte, gesehen.

<u>Wurzelchakra</u>: Hier gab es keine besonderen Wahrnehmungen.

<u>Vergleich</u>: Offenbar gibt es nicht immer derart heftige Erlebnisse wie ich sie gehabt habe. Die Qualitäten stimmen jedoch mit meinen Erlebnissen überein.

Die Schnelligkeit, Leichtigkeit und Klarheit, mit der sich platonischen Körper in den Chakren imaginieren lassen, ist sowohl mir als auch Amadeus aufgefallen. Das ist eher, als wenn man etwas sehen würde, was schon da ist, und nicht so sehr, als wenn man etwas erschaffen würde, was noch nicht da ist.

Silke

<u>Wurzelchakra</u>: *„ Der Tetraeder ist erst recht klein, wird dann langsam größer, bis er Daumenlänge hat. Die Spitze nach oben ist sehr deutlich. Er bündelt die Energie. Ich empfinde den Tetraeder vor allem als einen Punkt. Er ist rot-orange und zu den Spitzen hin heller und wird dort gelb.*

Die Verbindung zum Hara wird immer stärker spürbar. Es taucht sexuelle Energie auf, ein Pulsieren im Wurzelchakra, im Steiß und in der Vagina.

Der Tetraeder beginnt sich langsam zu drehen, wird schneller. Ich kann das Drehen regulieren. Er dreht sich rechts herum. Der Tetraeder strahlt rötliches Licht in den Beckenraum. Der Tetraeder wirkt auf den Körper anregend, regulierend, steigernd ... Da ist auch eine potentielle Anstrengung, die ich regulieren muß – die Aktivität des Tetraeders im Wurzelchakra muß im Einklang mit den Aktivitäten der anderen Chakren sein, sonst wird's zuviel ...

Das Gefühl ist: 'Oh, gut, daß ich sitze!' und 'Ah, das hab ich doch schon ganz gut gemacht!' Da sind Freude, Humor, Zufriedenheit, Selbstgenügsamkeit – das ist positiv gemeint. 'Ich sitze hier und hier haut mich so schnell keiner weg.' und 'Um mich her sind Sturm, Regen, Schnee, aber das ist schon alles recht.'"

Hara: „*Gut, dann geh ich zum Hara und da ist der Würfel ... Ja, da spür ich auch noch mal intensiv die Verbindung zum untersten Chakra ... und ich sehe, daß auch der Würfel sich dreht – diesmal links herum ... von der Größe her – ja, er ist schon größer als der Tetraeder im Wurzelchakra ... also, er ist fast schon so groß wie eine kleine Faust, eine Kinderfaust vielleicht, ein Kleinkind-Fäustchen ... und dieser Würfel, der wirkt transparenter als der Tetraeder ... die Farbe ist auch heller, also gelb, fast gold ...*

Und ich hab das Gefühl, daß das, was ich schon im Wurzelchakra gespürt habe, diese Art von Stabilität und auch Ruhe in der Stabilität, also daß ich sage 'Hier sitz ich und hier haut mich niemand weg von dem Fleck!' – das ist durch den Würfel im Hara noch stärker. Und ich hab das Gefühl, daß das hier stärker auf der emotionalen Ebene wirkt – im Wurzelchakra war das eher noch physisch, da war sie noch eher körperlich-physisch spürbar, diese Stabilität.

Und wo das im Wurzelchakra noch eine angenehme Schwere hat, also Gewicht verliehen hat, ist es im Hara flexibler, also ... diese Drehbewegung hat auch mehr Leichtigkeit ... es ist fast so, als würde dieser Würfel auch so'n bißchen eiern oder tanzen ...

Ich spür jetzt auch 'ne starke Reaktion im Hals ... das Zusammenspiel zwischen Hara und Hals ist jetzt sehr spürbar ... und da ist jetzt auch für'n kurzen Moment das Gefühl gekommen 'Oh ne! Will ich jetzt nicht! Ach!' Weil ich spüre, daß das auch Emotionen lostritt ... oder, naja, erlöst ... in den Fluß bringt ... Puh!!! ... Mhm ... Ja, und das hat mit der Dynamik zu tun, die ja für mich schon altbekannt ist: zwischen für mich selber da sein, bei mir sein oder mich nach außen richten, kehren ... und/oder mich zurücknehmen ... und/oder versuchen sichtbar zu werden ... also, damit hat das unter anderem zu tun ... insgesamt fühlt sich diese Bewegung leichter und feinstofflicher an als im Tetraeder – das habe ich ja eben schon so ähnlich gesagt, glaube ich ...

Am liebsten würde ich die Ecken abschleifen von diesem Würfel – ich weiß nicht genau, warum ... damit er runder wird, damit er sich runder anfühlt, damit er mich nicht so kratzt (Silke lacht) ... weiß ich noch nicht so genau, was das ist ... damit er runder läuft oder ... ja, während ich das sage, hört er auch mit dieser tänzelnden, eirigen Bewegung auf und dreht sich jetzt einfach nur um die eigene Achse – als ob er mich fragen wollte, ob es so besser ist ... ja, es ist anders, ob's besser ist, weiß ich nicht – trotzdem stören mich noch immer die Ecken ... jetzt dreht er sich ganz schnell und ich seh den von oben und durch diese schnelle Drehung verschwinden die Ecken für die Optik – ich seh da nur noch 'nen Kreis ...

Und jetzt fühlt es sich so an, daß die Ecken und die Kanten, die ja wirbeln, daß die Raum schaffen ... was erst unangenehm war, ist jetzt tolerabel und wird auch zunehmend angenehmer ... also, die Kanten sind inzwischen o.k. – die Ecken, da bin ich noch immer so'n bißchen mit uneins ... aber der Kreis, der sich da bildet durch diese schnelle Drehung, der ist auch kraftvoll ... von oben sieht das aus wie'n Zylinder, der sich dreht ...

Ich hab ihn jetzt mal gebeten, daß er mal anhält ... er dreht sich jetzt langsamer und kommt zum Stehen ... und ich möchte mal fühlen, wie das ist, wenn da einfach dieses Viereck, dieser Würfel da im Hara ist ... puh – ich krieg richtig Schauer, Gänsehaut, Frösteln ... nicht unbedingt unangenehm, aber ich krieg das Gefühl, ich muß meinen Körper bewegen und ... ich brauch Bewegung, also, ich brauch viel Bewegung ... für diesen Würfel, wenn der seine Wirkung entfalten soll, dann brauch ich auch entsprechend viel Bewegung ...

Dieser Bewegungsimpuls, fällt mir auf, war auch schon leicht spürbar im Wurzelchakra, aber hier ist er sehr deutlich ... also wenn diese Energie sich da entfaltet, dann muß ich dem Körper auch Raum geben, um sich bewegen zu können ... also jetzt gerade, wo ich hier sitze, da krieg ich Lust zu tanzen, zu joggen, draußen zu sein, Raum um mich zu haben und mich zu bewegen, ja ...

Ja, das findet der Hals auch – und der ist auch noch für Schreien ... das täte dem noch gut ... zumindest gähne ich schon mal ...

Also, was angenehm ist, wenn der Würfel stillsteht, das ist die glatte Oberfläche seiner Seiten ... das hat so was Klares, Beruhigendes ... oder Besänftigendes ...

Und jetzt spür ich noch was ganz Interessantes ... also, in dem Maße, wie sich jetzt Emotionen durch mein System bewegen, sieht das so aus, als würde der Würfel so'n bißchen knitterig und in sich zusammengedrückt werden ... und dann, wenn ich da genauer hinschaue, dann richtet er sich wieder auf und streckt und strafft sich wieder und wird wieder glatt und die Kanten sind klar und das Ganze wird auch wieder klar und scharf konturiert ... und das ist wie Ordnung schaffen, ehm ... oder wie Ruhe in den Fluß der Gefühle bringen ...

Also was das unheimlich verdeutlicht, ist, daß meine Emotionen Teil meiner Lebendigkeit und auch Teil meines Ausdrucks sind und auch ein Teil meines Spürens und Wahrnehmens und daß ich sie aber auch ein Stück weit regulieren kann ... und dosieren ... und damit meine ich jetzt nicht wegdrücken – das geht auch, klar, das kenne ich ja auch, aber ... das Fühlen ist da, aber trotzdem kann da 'ne Ruhe reinkommen ...

Ich glaube, das war's."

<u>Sonnengeflecht</u>: *„Ja, o.k., dann Solarplexus, also Sonnengeflecht ... da kommt zuerst ein Gefühl von Wohltat – das tut gut, das entspannt ... das gibt so was wie Form ... also, wenn das Sonnengeflecht von außen Druck erlebt oder eingedellt wird, dann kann der Dodekaeder das wieder ausdehnen, zur Ausdehnung bringen oder aufrecht erhalten oder stabilisieren. Der ist auch erst mal in einer ruhigen Position*

... viel Entspannung spür ich ... (Silke gähnt viel) ...

Und eine Verbindung mit dem Dritten Auge ... der Zusammenhang wird mir noch mal klar, das am zweiten Chakra, am Hara auch die Verbindung mit dem Dritten Auge spürbar war, aber der Hals war in dem Moment eigentlich viel präsenter, der war viel dringlicher ... und jetzt in Verbindung mit dem Solarplexus ist das Dritte Auge aktivierter ... O.k. – ich denk jetzt einfach mal nicht darüber nach ... ich versuche gerade zu sortieren, aber das ist gar nicht wichtig ...

Hm ... also, wenn ich nach Farben schaue, dann seh ich als erstes ein helles Grün, das aber eher von oben runter leuchtet auf den Dodekaeder ... das ist nicht die Farbe, die der Dodekaeder selber hat oder ausstrahlt ... also so'n bißchen was Goldenes seh ich bei dem Dodekaeder wie das auch schon beim zweiten Chakra angedeutet war ... und Gelb ... ja, ein schönes, saftiges Gelb ... Mango-Gelb ... ein bißchen heller und ins Goldene übergehend, wie gesagt ...

Oh – jetzt wird aber auch der Hals wieder deutlich spürbar! ... Oh ... der Hals hat jetzt den Impuls, irgendwo reinzubeißen – also nicht unbedingt so brutal wie ich das ja auch von früher kenne, also nicht sich irgendwo festzubeißen und dann ein Stück Fleisch rauszureißen ... jetzt würde ich gerne auf 'nem Zweig rumkauen oder so was ... um die Spannung aus dem Kiefer zu kriegen vielleicht ...

Ahh! – ich will irgendwas haben, wo ich dran rumkauen kann – ich weiß nicht, warum ... doch, ich krieg ein Gefühl dafür – das ist der Impuls, in bestimmten Bereichen oder Themen, mit denen ich mich befasse, sowohl auf ganz praktischer Ebene als auch innerer Art, Biß zu haben und da auch mal dranzubleiben und tiefer vorzudringen und mich da auch mal durchzubeißen und da endlich auch mal irgendwie ... irgendwas mal durchgesetzt, umgesetzt zu kriegen ... sei es das ganz große Projekt im Außen endlich ein neues Zuhause im Grünen zu haben, sei es in der Beziehung zu meiner Mutter mehr Klarheit zu schaffen ... ja ...

Der Dodekaeder ist etwas kleiner als der Würfel im Hara ... und wo der Würfel was Transparentes und auch was Leichtes hatte, ist der Dodekaeder kompakter, der ist aber auch – bei den beiden anderen hatte ich gar kein Gefühl dafür – eine gummiartige Konsistenz, also der ist kompakt wie'n fester Gummiball ... mir scheint, das ist wichtig, daß der was abfedern kann, der hat nicht so scharfe Ecken und Kanten, und daß der in gewissem Rahmen nachgiebig sein kann ...

Also hier habe ich ganz stark das Gefühl – also, das was die anderen Körper auch gemacht haben – aber hier ist es für mich am deutlichsten wahrnehmbar, daß der platonische Körper seine Beschaffenheit genau an meine Bedürfnisse anpaßt ... bzw. daß ich den so gestalte ...

Und was noch passiert, ist, daß irgendwas mit der rechts/links-Koordination, mit dem Ausgleich der Körperhälften in Bewegung kommt ... also, die sind ja ungleich – bei mir auf jeden Fall ziemlich deutlich – die linke Seite wird ein bißchen mehr in die Mitte gerückt ... oder so sanft rübergeschoben – so fühlt es sich an ... also als würde die so'n bißchen zur Seite ausschlagen und als würde sie jetzt mehr in die Mitte kommen, so daß sie gleichgewichtiger mit der rechten Seite ist ... da sind allerlei Stellen an der linken Körperseite, die ich immer wieder mal spüre ... da, wo gewisse Spannungen oder auch einfach Verspannungen oder Schwachpunkte sind ... die durchzuckt's gerade alle nacheinander von den Füßen an aufwärts ... das ist ja auch meine Migräne-Seite ...

(Entspannung, Gähnen, langes Schweigen ...)

Also, das fühlt sich gut an, diesen Dodekaeder da zu haben, und kann auch sein, daß ich da die Unterarme drauf ablege, wie wenn jemand ein Kissen auf die Fensterbank legt und sich da aufstützt und rausguckt (lacht) ... so'n Bild seh ich da auch ... als wenn ich meine Unterarme da auf ein festes Kissen packen würde, also auf den Dodekaeder, und sagen würde 'So, das reicht jetzt für heute! (Silke lacht herzhaft) Mehr mach ich jetzt nicht!' ...

Also der bringt auch eine gewisse Gemütlichkeit, auch Entspannung , aber auch 'Ja – jetzt laß ich's mal sein ...' ... so in der Form ...

Ja – ich würd sagen, das war's.“

Herzchakra: „Dann geh ich jetzt mal zum Herzen ... oh, da ist die Kugel! da freu ich mich schon drauf! ... (Silke lacht) ... oh – endlich mal was ganz Rundes! (Silke lacht wieder) ... Das tut total gut! ... (Silke macht viele genießerische Entspannungs-Töne) ...

Ja, also da seh ich eine Kugel, die leuchtet mit viel Gold und auch mit Grün – unter anderem auch das Grün, das ich gerade schon hab runterscheinen sehen in das Sonnengeflecht hinein ...

Da kommt mir sofort die Idee 'Das ist mein Schatz! Das ist meine Kugel, mit der ich immer spielen kann!' ... wie 'ne Prinzessin (lacht) ... das ist das, womit ich mich wohlfühle ... Haah! ... Diese Kugel könnte ich auch abknutschen! Schmatz! Schmatz! Schmatz! ... (Silke lacht) ... ist komisch, ist einfach nur 'ne Kugel, aber die ist mein Schatz. Ja, so ist das. ... Hm ...

Ja, ich versteh das schon als Symbol für die Herzensqualität und auch für was sehr Umfassendes, also auch schon Seelenqualität ... die Prinzessin, die die ganze Zeit damit läuft über Wiesen und durch Wälder und dann spielt und die im Arm hat und – das ist eine Konkretisierung, eine mögliche Konkretisierung dieser Qualität, die da drin steckt ... und was sie macht, ist, daß sie den ganzen Tag spielt und sich des Lebens freut und sie ist fast ausschließlich in der Natur, dieses Mädchen, sie spielt mit den Bäumen, mit den Blumen, mit der Sonne und dem Bach und dem Gras, also da fühlt sie sich sehr wohl oder mit Abstand am wohlsten, mit Tieren auch, also wo sie die Kugel fester an sich drückt, ist, wenn Menschen auftauchen, am Rande der Lichtung oder der Wiese – sie freut sich schon, aber die Kugel muß sie dann besser festhalten ... wo die sonst frei durch die Luft fliegen kann oder über die Weise rollt *oder mit der sie tanzt – wenn Menschen kommen, dann paßt sie besser auf sie auf ...*

Wenn sie spürt, daß die anderen Menschen ihr wohlgesonnen sind, dann spielt sie auch mit denen, dann rollen sie die Kugel hin und her oder gucken sich die Kugeln von den anderen Menschen an zusammen oder ... und es kann auch eine ganze Gruppe werden von lauter Menschen mit Kugeln ... oder Wesen mit Kugeln – das sind nicht immer Menschen ...

Ja und irgendwann sagt sie dann 'So, jetzt ist genug!' und dann nimmt sie ihre Kugel und verschwindet dann im Wald ... (Silke lacht) ...

Und von der Größe her ... also in meinem Körper sehe ich sie, als wenn ich mit Daumen und Mittelfinger einen Kreis bilde ... und was gut tut, ist, daß die ihre Position auch mal ändert – also da sehe ich kein Kreisen, sondern ein sich im Herzchakra-Raum bewegen, also daß sie sich mal mehr nach vorne verlagert, dann mal nach hinten ... tendenziell mehr nach hinten, wo es dann auch ein Gefühl von Rückhalt gibt – das ist dann angenehm ...

Wenn die Kugel noch eine andere Bewegung macht, dann ist es eher ein Vibrieren ... ein zartes Vibrieren – fast wie ein Massagegerät ... ein schnelles, leichtes Vibrieren ... also eigentlich wie ein hohes Summen, wenn man das in Geräusche übersetzen würde ... aber dadrunter gibt es auch noch ein Pulsieren – das ist langsamer ... also wie'n langsamer Herzschlag ...

Ja, ich glaube, das war's dazu.“

<u>Halschakra</u>: *„O.k. – dann Halschakra und Ikosaeder ... (entspanntes Gähnen) ... Also, das Halschakra sagt spontan 'Ja, mach das mal immer wieder so mit den platonischen Körpern in den anderen Chakren – dann geht's mir auch gut.' ... (Silke lacht) ... und wenn ich jetzt auf den Ikosaeder im Halschakra schaue, dann ist der etwas kleiner als die Kugel im Herzen ... und der macht wieder ein eher punktuelles Gefühl – wie der Tetraeder im Wurzelchakra ... der ist auch mehr an einem Punkt ... hm ...*

Ein helles Blau seh ich auch, ziemlich durchsichtig ... wobei ich jetzt nicht so deutlich wahrnehme, daß der Ikosaeder das ausstrahlt als vielmehr, daß das hellblaue Licht durch ihn hindurch fließt ... tja – und der erste Impuls ist 'Es gibt nichts zu sagen.' ... das fühlt sich gut an ... also, es gäb ganz viel zu sagen, aber man kann auch einfach nichts sagen ... man kann ganz viel sagen, aber letzten Endes ... hm ... ja, und das hat auch was von mich nicht erklären müssen und einfach so sein wie ich bin ... und einfach fließen lassen ...

Und was der, glaub ich, macht, der Ikosaeder, ist, daß wenn ich anfange zu flattern im Halschakra – ich nenn das mal so – also wenn ich die Reaktionen von anderen fürchte, ich denk da z.B an meine Mutter, wenn ich klare Grenzen setze und die Reaktion meiner Mutter, sei sie inwendig, sei sie außen spürbar, sichtbar, fürchte, daß dann dieser platonische Körper da Stabilität gibt, ja so würde ich es eigentlich gar nicht nennen – wie würde ich das nennen? ... Sicherheit und auch Gelassenheit,

Geruhsamkeit ... das fühlt sich so an als säße ich im Auge des Sturms und um mich herum tost und tobt die Welt – aber in diesem Auge des Sturms kann ich einfach so sitzen, da brauch ich nicht kleiner werden oder größer oder ... und was die Welt dann von mir mitkriegt oder mit mir anfängt, das ist dann irrelevant ... ...

Und dann spür ich auch noch mal den Zusammenhang mit der Prinzessin, die über die Wiese läuft ... die mit anderen und mit anderen Kugeln spielt ... also, das gibt es auch, diese Qualität ... daß der Raum dafür da ist, das wird auch stabilisiert ... hm ...

Also jetzt bekomme ich auch wieder die Perspektive von oben auf den Ikosaeder ... und nehm jetzt auch 'ne Drehbewegung wahr ... wenn mich nicht alles täuscht, ist das jetzt wieder rechts rum – das ist aber schwieriger auszumachen ... vielleicht ist das wie diese optische Täuschung, wie wenn man lange auf ein sich schnell drehendes Rad mit Speichen schaut, daß man dann irgendwann meint, das würde sich genau andersherum drehen oder als ob's die Richtung immer wieder wechseln würde ... hm ...

Jetzt krieg ich noch so'n Pieksen im Hals ... puh! ... ja, ich merke, wenn das Halschakra stark aktiviert wird durch dieses Drehen, dann ist wieder dieser Impuls da, die Kiefer weit zu öffnen und vielleicht auch ... ja vielleicht garnicht mal zu schreien sondern eher zu singen, zu rufen oder zu summen oder ... auf jeden Fall der Stimme Ausdruck zu geben ... das ist nicht für jemand anderes, das ist einfach ... hm ... da wollen dann Töne raus ... hm ... ...

Und das fühlt sich auch an wie Platz schaffen – indem sich der Ikosaeder da dreht, entsteht mehr Raum und lösen sich Spannungen und Enge ... weitet sich das Halschakra ... und der Ikosaeder kann dann auch in der Größe variieren – also der ist jetzt größer geworden ... und der sticht dann durch bis, also bis in meinen Unterkiefer ... also 'sticht' ist nicht unangenehm, der drückt bis dahin durch – also so groß ist der jetzt ... ... inzwischen fühlt es sich an wie 'ne Manschette (Silke lacht) ... die sich um den ganzen Hals herum legt – das ist gut, das finde ich gut ... aah! ... mmh! ...

Das gibt dem Ganzen noch 'ne zusätzliche Qualität – am Anfang hab ich mehr diese Gelassenheit oder diese Geruhsamkeit gespürt, auch wenn's draußen um mich herum tobt und tost, auch emotional – und jetzt kommt dazu mit dieser Manschette um den Hals ... ehm, noch einmal einen Schritt zurück – da wo ich mich vorher fühlte wie im Auge eines Sturms und egal, was außen herum ist, und egal, ob mich jemand sieht oder nicht oder was er da anfängt mit mir oder nicht, das ist mir egal in dem Moment, das interessiert mich nicht – also, was jetzt da dazu kommt zu diesem Gefühl oder zu dieser Haltung, ist auch'n Impuls wie 'Nein.' oder selbst'n Impuls zu setzen, das kann auch ein 'Ja.' sein ... also da, wo's erforderlich ist, auch'n Impuls zu setzen, aber was angenehm dabei ist, ist, daß es sich nicht anstrengend anfühlt ... nicht angestrengt ... ich sag das dann einfach ... und bleib dabei aber ruhig in diesem Auge des Sturms sitzen ...

Also das geht, wenn sich die Manschette da drumrum dreht, diese Qualität kommt dazu, wenn sich der große Ikosaeder außen um den Hals und um das Halschakra herum dreht ... ja – und irgendwie ist das gut, daß diese Kugel im Herzen da ist ... also, die sind eng befreundet, dieser Ikosaeder und die Kugel (Silke lacht) ...

Ja, ich glaub, das war's."

Drittes Auge: *„Dann mach ich weiter mit dem Dritten Auge ... und da ist der Oktaeder ... also der ist wie zwei Pyramiden aufeinander geklebt ... hm ... also der hat was Helles, Strahlendes, wie durchsichtiges, weißliches Licht, der erstrahlt in meinem Dritten Auge und das gibt Klarheit.*

Das gibt Klarheit, von der ich merke, daß sie mir guttut und daß ich sie aber nicht immer ... zu hell und zu strahlend will ich's garnicht haben – das wirkt dann schon fast ungemütlich ... ich weiß nicht, warum ... also, wenn's ein bißchen dämmrig-schummrig ist, ist das auch ganz bequem ... (Silke lacht) ... O Gott – was immer das auch heißt ... (lacht wieder) ... nicht so genau hingucken wollen – ja, sowas gibt es auch (lacht wieder) ...

Also ich merke: Für diese kraftvolle Klarheit brauche ich auch ein kraftvolles Gesamtsystem ... ich kann die gut aushalten und die tut mir auch gut und die fühlt sich auch gut an, wenn die anderen Chakren stabil sind ... ...

Ich spüre immer wieder meine Ohren und wie empfindsam die Ohren sind ... und was ich alles so über die Ohren wahrnehme an Geräuschen und Worten oder auch im übertragenen Sinne, also was alles so an Meinungen, Urteilen und Wichtigkeiten durch meine Ohren durchdringt ... und dieser Oktaeder hilft beim Aussortieren – Wichtiges von Unwesentlichem trennen und mich fokussieren – auch für mich selbst, nicht nur, was von außen auf mich zuspringt, sondern auch, was in mir an Wollen ist und an Begehrlichkeiten und an Interessen und mich-Zerfleddern – also, da hilft der ... mit 'ner Art von Nüchternheit ...

Die Größe ist, nunja ... wie meine halbe Daumenlänge im Durchmesser ... hmmm ...

Ja, aber er schafft Realismus, Stille und Frieden in mir, in meinen Gedanken ... und darüber hinaus unterstützt der platonische Körper meine Fähigkeit der Hellsichtigkeit und intuitiver Wahrnehmung ... vor allem in der Form, daß er einfach bewirkt, daß Informationen durchkommen zu mir ... befreit von Emotionen oder ... einfach frei von Emotionen, die eingefärbt sind oder verklärt ... sachlich ... nüchtern-sachlich fühlt es sich an, aber das ist nicht unangenehm ...

Ja – das war, denk ich, das Wichtigste ..."

Scheitelchakra: *„O.k. ... dann Scheitelchakra und der umgekehrte Tetraeder ... ... ich spüre da noch mal eine sehr ausgeprägte Verbindung zwischen Drittem Auge und Scheitelchakra ... also im Moment sieht es so aus, als würden sich die beiden Spitzen der beiden platonischen Körper fast berühren – auf jeden Fall verschwinden* *die beiden Spitzen in einer Art gemeinsamem Leuchten ...*

Es fühlt sich metallisch an – silbrig-metallisch ... oder sieht so aus ... die Ober-fläche von der Seite, die nach oben zeigt – die fühlt sich so weich und glatt an, daß ich sie kaum spüren kann, wenn ich mit der Hand darüberstreiche ... also eigentlich löst sie sich auf ... ...

Das fühlt sich an, als würde dieser platonische Körper meinen Kopf vergrößern ... ehm ... besser gesagt, die Ausstrahlung um meinen Kopf, aber das ist körperlich so deutlich spürbar, daß es sich anfühlt, als würde mein Kopf wachsen ... vor allem mein oberer Kopfteil ...

Der Tetraeder ist auch groß ... also ungefähr so groß wie meine Hand mit gespreiz-ten Fingern – so schwebt der oberhalb von meinem Scheitel, in der Größe ... der kann sich auch ausdehnen bei Bedarf oder nach Belieben ... ...

Also das Bedürfnis, das hier in Worte zu fassen, das schrumpft da gegen Null ... das ist eigentlich auch nicht möglich ... das, was vorher stellenweise auch schon mal anklang – ich glaube im Halschakra – es gibt eigentlich nichts zu sagen, das ist hier viel ausgeprägter ... hm ... und auch ein tiefes Gefühl von Frieden wird spürbar ... also nicht Gefühl von Frieden – es ist einfach Frieden. Da ist einfach Frieden ...

Und es ist weit, immer weiter, immer weiter – das ist wie ein Riesentrichter, der sich nach oben öffnet und unendlich in die Höhe wächst ... ...

Jetzt habe ich mal darum gebeten, daß diese Form erhalten bleibt, weil die danach strebte, sich aufzulösen ... hatte ich den Eindruck ... zumindestens die obere Dreieck-Seite ... und, ehm ... und dort ist es jetzt noch einmal am deutlichsten spürbar, daß dieser Tetraeder ein Symbol ist – so nehm ich das wahr – für diese Qualitäten, die ich gerade versucht habe zu beschreiben ... ...

Also, da ist unendlich viel – das kann alles durch diesen Trichter rutschen und darin verschwinden und ... ja, ich sehe geistige Helfer und Gottheiten oder Buddhas oder irgendwelche Kräfte und Wesen und Qualitäten, die ich irgendwann einmal ken-nengelernt hab ... und das ist auch nur ein ganz, ganz, ganz, ganz, ganz, ganz unaus-sprechlich kleiner Teil von dem, was da durch diesen Trichter fließen kann ... hm ... eigentlich ist es auch nicht sagbar – das kann ich nur immer wieder sagen ... ...

Ja ich kann nur sagen: Da ist eine unendliche Fülle und gleichzeitig ist alles eins wie das andere ... (Silke lacht leise schmunzelnd) ... also gleichzeitig Vielfalt und Eins-sein ...

Ja ... o.k. "

allgemein: *„Die platonischen Körper bringen noch mal etwas Neues mit hinein oder sie verstärken etwas, was im Ansatz schon da ist – das weiß ich nicht so genau ... sie sind wie Katalysatoren ... Es ist deutlich anders, mit dem platonischen Körper zu einem Chakra zu gehen als ohne – es ist so, als würde man noch ein Hilfsmittel dazunehmen ... als wären die platonischen Körper ein Stoff, der aus der Substanz in* *dem Chakra ein Elixier macht ... zum einen machen die platonischen Körper alles deutlicher und vergrößern es und zum anderen unterstützen und stabilisieren sie ...*

Es ist ein bißchen, als wenn man für jedes Chakra das passende homöopathische Mittel finden würde – dann wird alles in ihnen in Gang gebracht, unterstützt und verstärkt ... Die platonischen Körper führen mich in den Chakren ... oder sie führen mich von deren Ist-Zustand zu deren heilem Ideal-Zustand."

Mir fällt auf, daß Silke und ich beide die platonischen Körper oft als rotierend gesehen haben und daß diese Rotation stets um die senkrechte Achse erfolgt ist – so wie auch die (waagerecht liegenden) Chakren um die senkrecht stehende Sushumna rotieren. Von diesem Rotieren haben die Chakren ihren indischen Namen erhalten, der „Räder" bedeutet.

Axel

Axel kann bereits seine Kundalini aufsteigen lassen, aber er ist nicht so sehr der Typ der differenzierten Wahrnehmung, sondern eher der Typ der heftigen Kraft. Daher ist sein Versuch weitgehend so abgelaufen, wie er ganz allgemein von sich das Erwachen der Kundalini kennt.

Da er das Fließen der Kundalini jedoch vermeiden wollte, weil ihm das zu heftig ist, er dabei völlig die Kontrolle über sich verliert und er fürchtet, daß das sein Herz zu stark belasten könnte, hat er es vermieden, die Kundalini wirklich in Fluß kommen zu lassen.

Er fand, daß die platonischen Körper den Prozeß beschleunigen würden, aber hatte allerdings (wie bei ihm bei jedem Thema üblich) Zweifel, ob das wirklich an den platonischen Körpern liegt und ob „das Imaginieren einer Micky Maus in den Chakren" nicht denselben Effekt hätte.

Er hat sich jeweils ca. eine Minute auf die Imagination konzentriert und dann abgebrochen, damit nicht mehr passiert, als er wollte.

Die Formulierungen, mit der im Folgenden die Aktivität der Kundalini beschrieben wird („kochen", „fließen" u.ä.), stammen von Axel.

Beim Tetraeder hat er nach einer Weile reflexhaft sein Gesicht verzerrt und blieb immer ca. 10-15 Sekunden bei einer Grimasse, um sie dann plötzlich zu ändern. Das ist ein Effekt, den er bei sich von der Kundalini-Erweckung gut kennt.

Beim Würfel blieb er erst eine Weile ruhig sitzen, bevor wieder die Grimassen begannen. Ihm wurde warm, die Kundalini begann verhalten zu fließen. Die Imagination des platonischen Körpers schien ihm die Wirkung der Konzentration zu verstärken.

Beim <u>Dodekaeder</u> wurden die Gimassen heftiger und wechselten schneller – die Kundalini fing an zu kochen.

Die <u>Kugel</u> im Herzchara hat er ausgelassen, weil er sein phyischen Herz schonen wollte.

Beim <u>Ikosaeder</u> begann er, seinen Oberkörper reflexhaft zu schütteln – die Kundalini kam in Gang.

Beim <u>Oktaeder</u> gab es wieder Grimassen – die Kundalini kam in Schwung und fing an zu kochen.

Beim <u>umgekehrten Tetraeder</u> stieg die Kundalini auf und sie fing auch an, von oben nach unten zu fließen – dies ist das aus indischen und tibetischen Schriften gut bekannte Wecken des herabfließenden Bindhus durch die aufsteigende Kundalini.

Axel meinte, wenn er nun noch weitermachen würde, würden er auch Farben sehen und es würde ein völliger Kontrollverlust über seinen Körper entstehen.

- - -

Offensichtlich unterscheiden sich die Wirkungen der Imagination der platonischen Körper deutlich in Hinsicht von 1. Intensität, 2. Differenziertheit der Wahrnehmungen und 3. den dabei auftretenden Gefühlen. Dies ist vermutlich auf die Verschiedenheit des Charakters der betreffenden Menschen zurückzuführen.
Die grundsätzliche Wirkung scheint jedoch immer dieselbe zu sein:

1. Die Imagination ist deutlich einfacher als andere Imaginationen und es ist eher so als ob man etwas sehen würde, was schon da ist, und weniger als ob man etwas durch die Imagination erschaffen würde.

2. Die Imagination der platonischen Körper fördert die Aktivität der Chakren.

3. Die Imagination der platonischen Körper führt dazu, daß man den heilen Zustand der Chakren sieht und daß man zumindestens ansatzweise auch die Kundalini aktiviert.

Ich werde schauen, ob ich noch mehr Menschen finde, die diese Imagination ausprobieren wollen.

VII 2. h) Versuche 1

Ich habe im Zusammenhang mit meinen Beratungen ein paar Versuche durchgeführt, um festzustellen, auf welche Weisen man die platonischen Körper benutzen kann. Es wäre natürlich gut, wenn das noch deutlich mehr Versuche wären. Die ersten Ergebnisse sind jedenfalls sehr ermutigend.

1. Versuch

Eine Frau, die ich berate, hat mich angerufen und war kurz vor einer Panikattacke und dem völligen psychischen Zusammenbruch. Ich habe in ihrem Hara einen Würfel imaginiert, was sie immerhin soweit beruhigt hat, daß sie nach einer Weile wieder normal reden konnte.

2. Versuch

Bei einer Frau, die völlig verwirrt war, hat die Imagination der platonischen Körper in ihren Chakren geholfen, daß sie ihren geraden Kurs innerhalb von wenigen Minuten wiedergefunden hat.

3. Versuch

Bei einer Frau, die große Mühe hatte, ihren eigenen Standpunkt zu verteidigen, hat meine Imagination eines Ikosaeders in ihrem Halschakra geholfen. Sie hatte dabei das Gefühl, daß eine Kruste von dem Chakra abfällt. Anschließend war sie gelassener und optimistischer.

4. (geplanter) Versuch

Der obere Tetraeder könnte eine Hilfe bei Invokationen sein, zumindestens stellt er die Haltung her, die die Grundvoraussetzung für eine Invokation ist.

Das müßte jedoch noch überprüft werden. Vielleicht könnte man den Tetraeder auch mal mit einem Wirbel über dem Scheitelchakra vergleichen – beides scheint ja eng verwandt zu sein.

5. (geplanter) Versuch

Es gäbe noch viele weitere mögliche Versuche – mal sehen, ob ich die passenden Gelegenheiten dafür finde. So könnte man vor dem Halten einer Rede einen Würfel im Hara für die Standfestigkeit sowie einen Ikosaeder im Halschakra für die Selbstsicherheit imaginieren.

VII 2. i)   Die regelmäßig unterteilten Flächen

Die präzise Analogie zwischen den platonischen Körpern (einschließlich der Kugel) und den Chakren läßt vermuten, daß auch die drei regelmäßig geteilten Flächen in irgendeinem Zusammenhang mit den Chakren stehen.
Was könnte das sein?

Die Traumreisen zu diesen drei Flächen, die in einem früheren Kapitel angeführt worden sind, haben zu den folgenden Beschreibungen dieser drei Flächen geführt:

Quadrate-Fläche

Diese Fläche ist statisch, 4-symmetrisch und entspricht dem astrologischen Quadrat-Aspekt. Es wird durch den 90°-Winkel, also durch den rechten Winkel geprägt. Diese Form ist streng und auf eine harte Weise festgelegt.
Diese Fläche besteht aus durchgehenden Linien.
Die einzelnen Flächen sind „zusammenklappbar". Sie haben vier Seiten-Kontakte zu anderen Flächen und 8 Ecken-Kontakte zu anderen Flächen.
Die Gesamtform ist durch die durchgehenden Linien jedoch stabil.

Dreiecke-Fläche

Diese Fläche ist dynamisch, je nach Betrachtungsweise 3-symmetrisch oder 6-symmetrisch und entspricht dem astrologischen Trigon- oder Sextil-Aspekt. Es wird durch den 120°-Winkel bzw. 60°-Winkel geprägt. Diese Form ist kommunikativ.

Diese Fläche besteht aus durchgehenden Linien.

Die einzelnen Flächen sind nicht „zusammenklappbar". Sie haben drei Seiten-Kontakte zu anderen Flächen und 12 Ecken-Kontakte zu anderen Flächen.

Die Gesamtform ist durch die durchgehenden Linien jedoch stabil.

Waben-Fläche

Diese Fläche ist organisch, 6-symmetrisch und entspricht dem astrologischen Sextil-Aspekt. Sie wird durch den 60°-Winkel geprägt. Diese Form ist individuell und eigenständig.

Diese Fläche besteht aus unterbrochenen Linien, die jedoch nach einer Lücke weitergeführt werden.

Die einzelnen Flächen sind „zusammenklappbar". Die Hexagone sind unter den drei Flächen-Formen die beste Annäherung an Kreise. Sie sind zudem die sparsamste Form der Verbindung von Punkten und somit auch die materialsparendste Flächenaufteilung (Bienenwaben). Die Hexagone haben den intensivsten Kontakt zu anderen Flächen (an sechs andere Hexagone mit den Seiten angelagert), aber auch den wenigsten Ecken-Kontakt zu anderen Hexagonen (ebenfalls 6).

Die Gesamtform ist durch die unterbrochenen Linien instabil.

- - -

Was könnten diese drei Flächen überhaupt sein? Sie können nicht den Chakren entsprechen, aber sie sollten in irgendeiner Weise mit den Chakren zusammenhängen.

Es lassen sich zunächst einmal Verwandtschaften zu den drei Chakrenpaaren bzw. zu den drei Paaren von platonischen Körpern erkennen:

- Die Dreieck-Fläche ist wegen der dynamischen Qualität mit dem Kontakt und der oralen Phase verwandt und somit auch mit dem Wurzelchakra und dem Scheitelchakra.

- Die Quadrate-Fläche ist wegen der Abgrenzungs-Qualität der Quadrate mit der Kraft und der analen Phase verwandt und somit auch mit dem Hara und Drittem Auge.

- Die Sechseck-Fläche ist wegen der organischen Qualität mit dem Selbstausdruck und der phallischen Phase verwandt und somit auch mit dem Sonnengeflecht und dem Halschakra.

Diese Verwandtschaft ist recht deutlich, doch was stellen diese drei Flächen eigentlich dar? Die platonischen Körper sind „kugelförmige" Körper mit einem Zentrum und beziehen sich somit auch auf ein Zentrum – eben auf die Chakren.

Die drei Flächen haben hingegen kein Zentrum, sondern eine unbegrenzte Ausdehnung. Sie können also nicht an einem Ort verankert sein wie die platonischen Körper in den Chakren. Sie könnten eher so etwas wie den Raum darstellen, in dem sich das Chakrensystem mit den platonischen Körpern in ihnen befindet.

Sind die drei regelmäßig gegliederten Flächen daher so etwas wie der Raum, in dem sich drei Arten von Beziehungen befinden, die von den eigenen Chakren zu den entsprechenden Chakren der anderen Menschen führen?

Gibt es so etwas wie eine „Sechseck-Ebene", die den Selbstausdruck mehrerer Menschen koordiniert, eine „Quadrat-Ebene", die die Formen mehrerer Menschen koordiniert, und eine „Dreieck-Ebene", die die Kontakte mehrerer Menschen koordiniert?

Würden diese Verbindungen leichter hergestellt und entwickelt werden können, wenn man sie sich in der Form dieser drei Flächen vorstellt?

Die Zuordnung der Flächen zu den Chakren und den platonischen Körpern in ihnen würde der hier dargestellten Arbeitshypothese wie auf der folgenden Seite abgebildet aussehen.

Die Fläche, die zu der Kugel im Herzchakra gehören würde, müßte unstrukturiert sein, da die Kugeloberfläche ebenfalls unstrukturiert ist bzw. aus unendlich kleinen Einzelflächen besteht. Die Seele im Herzchakra scheint in ihren Handlungen deutlich freier zu sein als die Psyche in den Chakren ...

Chakren und platonische Körper				
Chakra	**Qualität**	**platonischer Körper**	**Qualität**	**Kontakt-Fläche**
Scheitel-chakra	geistiger Kontakt	*umgekehrter Tetraeder*	das Ausruhen-können in der Obhut des Vaters	
Drittes Auge	äußere Form: Orientierung	*Oktaeder*	Schutz gegen Äußeres, Unterscheidung, Verbindungen	
Hals-chakra	sozialer Selbstausdruck	*Ikosaeder*	Eigenständig-keit in allen Kontakten nach außen	
Herz-chakra	Identität	*Kugel*	Identität	
Sonnen-geflecht	körperlicher Selbstausdruck	*Dodekaeder*	ungehemmter Selbstausdruck	
Hara	innere Form: Halt in sich selber	*Würfel*	Schutz des Inneren, Wehrhaftigkeit, Abgrenzung	
Wurzel-chakra	körperlicher Kontakt	*Tetraeder*	das Handeln-können im Schutz der Mutter	

Das ist jetzt zwar immerhin eine plausible Arbeitshypothese, aber daraus müssen jetzt noch durchführbare Versuche abgeleitet werden, mit deren Hilfe man überprüfen kann, ob z.B. die Imagination einer Dreiecks-Fläche dabei hilft, neue Kontakte zu anderen Menschen zu knüpfen. Falls das eine deutliche Wirkung haben sollte, wäre das ja ein ausgesprochen praktisches Hilfsmittel.

Die einfachste Versuchs-Anordnung wäre, einen Wunsch auszusenden und dabei das zu ihm passende Flächenmuster als „Sende-Fläche" zu benutzen.

Ein Wunsch nach einem anregenden Gespräch würde zum Dritten Auge gehören und müßte von dort ausgesendet werden – man müßte also eine Quadrat-Fläche auf der Höhe des Dritten Auges imaginieren, in dem sich das eigene Dritte Auge befindet. Der ausgesendete Wunsch würde sich dann über dieses „Netz" verbreiten.

Der Wunsch nach einem sexuellen Abenteuer würde vom Wurzelchakra aus über eine Dreieck-Fläche auf der Höhe dieses Chakras ausgesandt werden.

Der Wunsch nach körperlicher Gesundheit könnte vom Sonnengeflecht aus über eine Sechseck-Fläche auf der Höhe dieses Chakras ausgesandt werden.

Ob das eine sinnvolle Versuchsanordnung ist, kann nur der Versuch zeigen. In einer zweiten Stufe müßte man dann schauen, ob das Wunsch-Aussenden noch effektiver wird, wenn man als Sender den betreffenden platonischen Körper in dem Chakra, von dem aus der Wunsch ausgesandt wird, imaginiert.

VII 2. j)   Versuche 2

1. Versuch

Ich habe den Wunsch nach Heilung meiner Nieren-Zyste ausgewählt. Sobald ich diesen Wunsch ausgewählt hatte, habe ich einen heftigen Schmerz in meinem Wunschbaum-Nebenchakra (zwischen Herzchakra und Sonnengeflecht) gespürt. Diesen Schmerz kenne ich schon ziemlich gut – er ist wie örtlich eng begrenzter Krampf. Mit diesem Heilungs-Wunsch hängen offenbar heftige Gefühle zusammen.

Offensichtlich reagiert etwas in mir auf den Versuch, den ich vorhabe – das, was ich tun will, berührt offenbar etwas Wesentliches in mir.

Vielleicht ist eine physische Heilung (die Auflösung einer 16cm großen Nieren-Zyste) ein ziemlich großer Versuch für den Anfang, aber ich probier's trotzdem.

Ich werde mir also gleich einen Dodekaeder in meinem Sonnengeflecht vorstellen und die Sechseck-Fläche als waagerechte Fläche auf der Höhe meines Sonnen-geflechts so platzieren, daß sich der Dodekaeder in einer der Waben der Sechseck-Fläche befindet.

Das ist jetzt zwar kein reiner Sechseck-Flächen-Versuch, da ich den Dodekaeder hinzunehme, aber das fühlt sich sonst nicht richtig an.

Also gut – dann mache ich das jetzt mal.

Ich habe mich hingesetzt und den Pentagon-Dodekaeder imaginiert. Als ich dann die Waben-Fläche hinzugenommen haben, konnte ich fühlen, daß dieses Waben-Netz tatsächlich endlos weit reicht. Dabei ist ein Gefühl wie in einer Kirche oder in einem Tempel entstanden – andächtig, staunend berührt …

Ich hatte schon bald das Gefühl, daß ich mein Herzchakra dazunehmen muß. Dann habe ich von der goldenen Herzchakra-Kugel Licht nach unten in den Dodekaeder fließen lassen, von dem aus sich dies goldene Licht dann entlang der Waben-Linien in der Sechseck-Fläche ausgebreitet hat.

Ich habe sehr deutlich mein Wunschbaum-Nebenchakra gespürt – es war kein Krampf mehr, aber es hat darin gearbeitet und es hat sich eine verhaltene Traurigkeit breitgemacht, die ich schon von diesem Nebenchakra und auch von meiner Nieren-zyste kenne. Das hat eine lange Vorgeschichte, die ich hier jetzt nicht in allen Details erzähle.

Ich habe mein Blut in meinen Ohren pochen gehört und hatte das Gefühl, daß mein Blutdruck deutlich ansteigt, der eigentlich immer ganz normal bei 120/60 liegt. Mir ist auch warm geworden.

In meinem Halschakra war so etwas wie ein unausgesprochener Schrei – er war nicht blockiert, sondern er brauchte nicht laut geschrien zu werden. Das hat eine ganze Zeit lang gedauert.

Nach einer Weile hatte ich das Gefühl, daß sich das alles weicher und organischer anfühlt. Ich habe die Wärme in meinem Herzchakra gespürt, die so typisch ist, wenn es aktiv zu werden beginnt. Eine Art „fliegende Hitze" hat sich bis zu meinem Hals-chakra hoch ausgebreitet – also in dem ganzen Bereich vom Sonnengeflecht bis zum Halschakra.

Ich habe dann alle platonischen Körper in den sieben Chakren imaginiert – das fühlte sich sehr viel richtiger an als vorher.

Nach vielleicht einer Viertelstunde habe ich dann aufgehört. Es hat während dieser Meditation kaum Gedanken gegeben, eher so eine Art Tasten in mein Inneres bzw. in die Lebenskraft hinein.

Nach der Meditation habe ich mich gefragt, wie ich eigentlich auf die Idee gekommen bin, die platonischen Körper zu erforschen. Das war die Regelmäßigkeit, in der sich diese Körper anordnen lassen.

Die nächste Frage war, warum ich gerade heute so viel Neues entdecke – vor allem die Zuordnung der platonischen Körper zu den Chakren. Da fiel mir auf, daß heute die laufende Sonne genau auf dem Neptun in meinem Geburtshoroskop steht – mein

Neptun steht wiederum in der Waage in meinem 1. Haus und hat ein ganz exaktes Sextil zum Pluto. Die Entdeckungen heute passen alle zu diesem Aspekt, der mein ganzes Horoskop prägt.

Ich habe mich auch schon gewundert, daß ich eine solche doch etwas technisch anmutende Struktur entdecke, aber sie sieht zwar technisch-geometrisch aus, doch sie fühlt sich eher organisch und zugleich klar an – was wiederum gut zu mir paßt.

Ich spüre meinen Wunschbaum noch immer und auch die Herzchakra-Wärme. Der Krampf im Wunschbaum ist zu einem leichten Druck geworden.

Die platonischen Körper scheinen jetzt einfach in meinen Chakren präsent zu sein. Ich muß da garnicht groß was imaginieren, sondern brauche einfach nur hinzu-schauen, um sie zu sehen – das ist wirklich erstaunlich.

Heute (zwei Tage später) habe ich den ganzen Tag über immer wieder sehr deutlich eine Art feines Vibrieren in der Nieren-Zyste gespürt. Ist die sich gerade selber am abbauen und am schrumpfen?

Heute (ca. 2 Wochen später) bin ich beim Urologen gewesen – und meine Nieren-zyste war nur 13cm statt wie vorher 16cm im Durchmesser groß. Das scheint mir doch deutlich mehr als nur eine evtl. Meßungenauigkeit zu sein.

Mir haben zwar schon zwei Urologen gesagt, daß sie keinen Fall kennen, bei dem sich eine Zyste zurückgebildet hat, aber notfalls werde ich eben der erste sein, bei dem das passiert – das wäre für mich auch o.k.

Es ist jetzt natürlich nicht so einfach zu erkennen, was diese Wirkung gehabt hat: meine homöopathische Behandlung, meine Kundalini-Meditationen oder die Imagi-nation des Dodekaeders und der Waben-Fläche. Auf jeden Fall werde ich diesen Gesamt-Kurs jetzt erst einmal beibehalten.

2. Versuch

Als ich vorhin überlegt habe, welchen Wunsch ich aussenden soll, habe ich mir auch vorgestellt, wie ich vorgehen würde, um heute noch ein Gespräch mit einem lieben Menschen zu haben. Ich würde den Wunsch vom Dritten Auge aus in der Quadrat-Fläche und zugleich vom Halschakra aus in der Sechseck-Fläche aussenden.

Obwohl ich mir nur vorgestellt habe, was ich mir vorstellen würde, ist der Wunsch kurz darauf in Erfüllung gegangen, obwohl es schon spät war und die Frau, die mich angerufen hat, einige Wochen lang nicht erreichbar gewesen ist.

Wie immer bei diesen Versuchen weiß man natürlich nicht, was passiert wäre, wenn man nichts gewünscht hätte oder wenn ich nur „per Halschakra und Drittes Auge" gewünscht hätte oder wenn ich ganz formlos gewünscht hätte. Da hilft nur die Statistik weiter, also die Beobachtung, wie oft es funktioniert – oder ein besonders krasser Sonderfall, d.h. die Erfüllung von als nicht erfüllbar scheinenden Wünschen durch absurde Umstände.

Zwei Tage nach dem Aussenden dieses Wunsches hat sich eine frühere Freundin, die ich schon sehr lange nicht mehr gesprochen habe, per E-mail bei mir gemeldet und gesagt, daß sie mich anzurufen versucht hat, aber mich nicht erreichen konnte – das muß gestern und vorgestern gewesen sein … Mein Wunsch ist also doppelt in Erfüllung gegangen.

Und kurze Zeit später hat sich noch jemand gemeldet (was bei mir ausgesprochen ungewöhnlich ist) … also eine dreifache Erfüllung des Wunsches. Dieser dritte Anruf war allerdings eher ein Nachzügler, da der Anrufer nicht wie erwünscht an dem Abend angerufen hat.

- - -

Es wäre hilfreich, etwas zu finden, wodurch ich feststellen kann, ob meine Auffassung von den drei Flächen eigentlich einen Sinn macht oder ob meine Arbeitshypothese ein reines Hirngespinst ist.

Zunächst einmal paßt die Dreiecks-Fläche gut zu den beiden Tetraedern und die Quadrat-Fläche ebenso gut zu dem Würfel und dem Oktaeder. Die Sechseck-Fläche besteht zwar aus anderen Formen als der Dodekaeder und der Ikosaeder, aber von seiner Qualität her paßt er ebenfalls zu ihnen.

Die Frage ist folglich nicht, ob diese „platonischen Flächen" zu den platonischen Körpern passen, sondern ob diese Flächen tatsächlich drei Bereiche sind, die aus spezifischen Verbindungen im Bereich der Lebenskraft bestehen.

Da ich gerade keinen brauchbaren Ansatz für ein Experiment sehe, mit dessen Hilfe ich diese Frage beantworten kann, mache ich mal eine Traumreise zu diesen drei Flächen und frage sie, ob sie einen Tipp für mich haben.

„Hallo ihr drei 'platonischen Flächen' – könnt ihr mir sagen, wie ich herausfinden kann, ob ihr eine spezielle Bedeutung habt und ob ihr eine gute Darstellung für einen Zusammenhang im Bereich der Lebenskraft seid ... oder sonst etwas in dieser Art?"
Sechseck-Fläche: „Sei geduldig."
„Hm ... warum? Oder wieso und in welchem Bereich?"
Sechseck-Fläche: „Du kommst doch schon voran – warum so eilig?"
„Ich bin neugierig – und ich bin mir unsicher, was meine Deutung dieser drei Flächen betrifft."

Sechseck-Fläche: „Neugier ist gut, aber kombiniere sie mit Geduld.“

„Irgendwie kommt mir diese Antwort komisch vor. Sie stimmt natürlich, aber warum sagst Du mir nichts Konkretes zu meiner Frage? Ist meine Arbeitshypothese denn wenigstens sinnvoll?“

Quadrat-Fläche: „Warte bis die Zeit reif ist – da war doch auch jetzt bei der Zuordnung der platonischen Körper zu den Chakren so.“

„Damit bin ich nicht so ganz zufrieden ... ich verstehe nicht, wieso ihr mir da nichts sagt. Was meinst Du dazu, Dreiecks-Fläche?“

Dreieck-Fläche: „Meditiere.“

„Über euch drei Flächen?“

Dreieck-Fläche: „Nein – über Dich selber.“

„Meinst Du damit, daß die Erkenntnisse im Zusammenhang mit meiner wachsenden Selbsterkenntnis kommen werden?“

Dreieck-Fläche: „Ja – Du bist der rote Faden Deiner Erkenntnisse.“

„Aber man kann doch auch Dinge verstehen, die nicht direkt etwas mit einem selber zu tun haben.“

Dreieck-Fläche: „Schau Dir das mal genauer an.“

„Hm ... ... naja ... da scheint es schon Zusammenhänge zwischen dem, was ich erkenne, und meiner eigenen Entwicklung zu geben. Das war mir nicht so bewußt ... Aber gibt es denn nicht wenigstens einen Tipp, wo ich sinnvollerweise hinschauen sollte?“

Alle drei: „Auf Dich und Deine eigene Heilung.“

„Tja – da habt ihr wohl recht. ... Heißt das letztlich auch, daß die Entdeckung des Zusammenhangs zwischen den platonischen Körpern und den Chakren ein Teil meiner Kundalini-Meditationen ist? Daß diese Entdeckung letztlich mir hilft, meine Kundalini frei fließen zu lassen und dadurch heil zu werden?“

Dreieck-Fläche: „Ja.“

„Und heißt das dann auch, daß ich im Augenblick kein tieferes Verständnis für euch drei Flächen brauche?“

Sechseck-Fläche: „So ist es.“

„Daß Forschung auch einen derart subjektiven Aspekt hat, war mir nicht bewußt. Ich sehe auch noch nicht ganz ein, daß das so sein muß, aber ich sehe, daß es diesen Aspekt gibt. ... Also gut, dann schaue ich einfach mal, wie sich das weiterentwickelt – was mir begegnet und was ich so alles finde. ... Danke!“

„Bitte.“

„Ho!“

3. Versuch

„Ikosaeder – wenn ich einen Anruf von einem Menschen bekommen will, den ich gerne habe, ist es dann sinnvoll, Dich in meinem Halschakra zu imaginieren?"
„Ja."

Ich tue das ... hm – er fängt an zu leuchten ... und nun beginnt er auch zu rotieren, rechts herum, also von oben her gesehen im Uhrzeigersinn ...

Nun gehen gezackte Licht-Linien von ihm aus – vier oder fünf ... die Zacken sind 120°-Winkel, d.h. die Licht-Linien bewegen sich anscheinend auf der Sechseck-Fläche ...

... ...

Und da ist der Anruf! Da scheint ja ausgesprochen gut und prompt zu funktionieren – wobei man das öfters versuchen sollte, um sicher zu sein, daß das kein Zufall war.

VII 3. Zusammenfassung

Es gibt recht viel Dinge, um die die letzte Zusammenfassung nun erweitert werden kann.

VII 5. a) allgemein

Allgemein lassen sich bezüglich der platonischen Körper und ihren Anwendungsmöglichkeiten zehn Dinge feststellen:

    1. Die platonischen Körper passen deutlich besser zu den Chakren als zu den vier Elementen plus der Quintessenz.

    2. Die Kugel ist der vollkommene platonische Körper – er ist sozusagen der Grenzwert der platonischen Körper, wenn die Zahl der Flächen insgesamt und die Zahl der Flächen, die sich an einer Ecke treffen, immer größer wird, und zugleich die Größe der Flächen immer kleiner wird.

    3. Die Imagination der platonischen Körper in den Chakren ruft eine Annäherung an den heilen Zustand der Chakren hervor.

    4. Der Nutzen der platonischen Körper in der Meditation ist sicher.

    5. Der Nutzen der platonischen Körper bei der psychischen Heilung ist so gut wie sicher.
Der platonische Körper als vollkommen regelmäßige geometrische Form enthält anscheinend die ursprüngliche Qualität des heilen Chakras und ist daher so etwas wie ein Katalysator für die Heilung dieses Chakras.

    6. Der Nutzen der platonischen Körper bei der körperlichen Heilung ist wahrscheinlich.

    7. Der Nutzen der platonischen Körper in der Magie ist wahrscheinlich.

    8. Der Nutzen der drei „platonischen Flächen" ist noch unsicher.

    9. Alle platonischen Körper sind in den Chakren zum einen sehr klar wahrnehmbar und zum anderen sehr leicht zu imaginieren – es erscheint sehr

schnell ein klares, farbiges, räumliches Bild mit glänzenden Flächen und scharfen Kanten. Es ist sehr auffällig, wie sehr viel deutlicher diese Bilder als andere Imaginationen oder Wahrnehmungen sind.

Man scheint nicht etwas zu imaginieren, sondern etwas zu sehen, was schon da ist.

10. Die platonischen Körper rotieren oft wie die Chakren um ihre senkrechte Achse.

Die Angaben der Farben der platonischen Körper in den folgenden Beschreibungen scheinen eher individuell als allgemeingültig zu sein.

Auch die Angaben der Drehrichtungen müßten noch genauer erforscht werden, bevor man über sie sichere Aussagen treffen kann.

VII 5. b)   Tetraeder

Der Tetraeder bildet gerne große Verwandten-Gemeinschaften, denn er hat viele Kontakte innerhalb seiner Familie, wodurch ein großer Familien-Zusammenhalt entsteht, weshalb er nur wenig Kontakte zu anderen außerhalb seiner Familie hat. Auch sein Selbstausdruck ist eher schlicht. Raumfüllende Gemeinschaften kann er jedoch nur zusammen mit dem Oktaeder bilden. Er bleibt unter seinesgleichen und hat keinen Bruder und Freund außerhalb seiner Gruppe – er ist mit seinem eigenen Gegenpol zusammen (umgekehrter Tetraeder).

Er ist sachlich-trocken, bodenständig, schlicht, schweigsam, eher kontaktscheu, manchmal knurrig-unwirsch, hat eine eindeutige Motivation, ist entspannt und mühelos auf das Wesentlich ausgerichtet und läßt sich nicht durch äußere Dinge ablenken. Er will das ganz erleben, was gerade geschieht.

Es gibt in ihm ein Gleichgewicht von Innendruck und Zusammenziehen sowie ein Gefülltsein und Erfülltsein. In ihm ist eine natürliche, mühelose und stabile Stille. Er schafft Raum um sich und macht seine Umgebung hell. In ihm ist mehr Potential als Impulse. In einem Raum voller Tetraeder (Kugel-Lagerung) ist ein 'hitzefreies Glühen'. Dort gibt es einen 'Chor von Stille'.

Er sendet im Wurzelchakra von seiner Mitte her durch seine vier Spitzen vier Strahlen aus, die sehr gerade und gebündelt sind – wie Laserstrahlen. Das fühlt sich sicher und ruhig und geerdet an. Er verbindet sich über die Sushumna mit dem umgekehrten Tetraeder im Scheitelchakra und ruft die Gedankenstille hervor, die eine Eigenschaft des Scheitelchakras ist.

Die 6Hz-Rotation im Uhrzeigersinn des Tetraeders im Wurzelchakra richtet seine Wirkung nach oben hin aus regt die Sushumna und das Scheitelchakra an. Gegen den Uhrzeigersinn richtet sich die Wirkung nach unten und macht das Wurzelchakra der Erde, also ihren glühenden Eisen/Nickel-Kern sichtbar und bewußt und stellt einen Kontakt zu ihm her.

Seine Grundhaltung ist „von innen nach außen". Er wirkt auf die Genitalien und fördert dort den Sex. Er wirkt indirekt auch auf das Gehirn und fördert dort die Erleuchtung.

Der Tetraeder wird traditionell dem Element Feuer gleichgesetzt. Dieses Feuer scheint angesichts dieser Charakterisierung eher eine innere Glut als äußere Flammen zu sein.

Wenn der Tetraeder im Wurzelchakra imaginiert wird, erhöht er die Konzentration und die Imagination wird einfacher, intensiver, stabiler und klarer. Er sieht rot aus, das über Orange bis ins Gelb geben kann. Er fühlt sich im Wurzelchakra wie ein Punkt an. Er ist anregend und steigernd, aber zugleich auch regulierend. Er gibt Selbstsicherheit, Standfestigkeit, Freude, Humor und Streßfestigkeit.

VII 5. c) Würfel

Der Würfel kann große Gemeinschaften bilden und hat dabei einen großen Gruppen-Zusammenhalt, der starr-konstruktiv, druckresistent und trennend ist. Er hat nur mittelviele Außenkontakte. Sein Bruder und Freund ist der Oktaeder. Er wird traditionell dem Element Erde gleichgesetzt.

Das Kleine Pentagramm-Ritual und das Große Pentagramm-Ritual stellen einen Schutz nach den sechs Seiten hin dar. Sie haben somit die Form eines Würfels: einen Kreis unten, vier Pentagramme in den vier Richtungen und ein Hexagramm oben. Mit diesen Ritualen werden die Elemente angerufen. Auch die Hexagramm-Rituale, mit denen die Planeten angerufen werden, haben diese sechs Seiten, die jedoch manchmal auf die vier Himmelsrichtungen reduziert werden.

Dadurch, daß der Oktaeder einen geschützten Raum erschafft, wirkt er erleichternd auf Herz und Lunge. Dieser Raum ist einen halben Meter von der Haut dessen entfernt, der in ihm ist – der Würfel ist die Außenfläche der Aura, des Lebenskraftkörpers.

Er ist gerade, eckig, geordnet, starr, stabil, geformt, raumfüllend, fest, kühl, sachlich, statisch, getrennt, ruhig dastehend und stapelbar. Er ist nicht aktiv und will nichts. Er ist wie eine äußere Mauer, ein Gartenzaun – der Blick des Menschen in dem Würfel ist dabei auf eine Fläche des Würfels und nicht auf eine Spitze bzw. Kante gerichtet. Er ist gesprächiger als Tetraeder und Oktaeder. Er ist, was er ist. Er grenzt sich ab von der Welt und meditiert. Er ermöglicht einen markanteren Selbstausdruck.

Der Würfel stellt manchmal einen Altar oder ein Fundament dar und erscheint manchmal auch als Tisch in der alchemistischen Symbolik.

Der Würfel ist wie eine neutrale, anorganisch-technische Schutzhülle – wie ein Gartenzaun oder wie das Kleine Pentagramm-Ritual. Er grenzt ab, aber man kann sich in ihm bewegen.

Die Imagination eines Würfels im Hara läßt Unerschütterlichkeit, einen selbstverständlicher Halt, ein fest-Dastehen und ein Lachen, das aus einer völligen Selbstgewißheit und Souveränität heraus entsteht. Das Hara fühlt sich durch den Würfel satt an und es entstehen Stabilität, Ruhe, Standfestigkeit, Flexibilität und Streßfestigkeit sowie Bewegungsdrang, Tanzen und Raum-Schaffen. Die Imagination eines Würfels im Hara einer Person mit Panik-Attacke kann diese Person beruhigen und erden.

Der Würfel dreht sich (links herum). Er erscheint mal als grün-blau, mal als goldgelb – beides sind satte, füllige Farben.

Eigentlich wäre zu erwarten, daß der Würfel im Hara auch auf den Oktaeder im Dritten Auge wirkt. Vielleicht fällt die Wirkung hier auch nur nicht so auf, weil es hier nicht um Kräfte, sondern um Formen geht.

VII 5. d)   Dodekaeder

Der Dodekaeder ist ein Individuum, das Distanz zu anderen Individuen bewahrt. Er hat einen komplexen Selbstausdruck und strebt eine runde, vollständige Selbstver-wirklichung sowie seine ständige Weiterentwicklung an. Er hat ein im Verhältnis zu seiner Oberfläche großes Volumen. Trotzdem ist er ausgesprochen freundlich. Sein Bruder und Freund ist der Ikosaeder. Er wird traditionell dem Element Licht bzw. der Quintessenz gleichgesetzt.

Er ist wortkarg, eigenwillig, individuell, unruhig, skorpionisch, kriegerisch, latent aggressiv, kampfbereit, marsisch und voller Widersprüche sowie am bewußtesten von allen fünf platonischen Körpern. Er wirkt ein wenig dunkel, ist kraftvoll und sucht nach Erlebnissen und Erfahrungen. Er ist auf eine gesunde Weise egoistisch und egozentrisch. Er ist direkt, und kann sich durchsetzen. Er hat eine Gier nach Leben und Intensität.

Der Dodekaeder ist zwar eng mit dem Pentagramm verwandt, aber wird selber lediglich als Form des Grundsteins bei der Gründung einer Waldorfschule, eines Wal-dorfkindergartens oder einer ähnlichen anthroposophischen Einrichtung verwendet.

Durch die Imagination im Sonnengeflecht entsteht ein angenehmer Druck von innen nach außen, der die eigene Form aufrecht erhält, sowie Entspanntheit, Wohlfühlen Kraft, Zentrierung, Zuversicht, Geradlinigkeit, Direktheit, Unbeirrbarkeit und eine fast schon arrogante, strahlende Selbstsicherheit.

Der Dodekaeder im Sonnengeflecht weckt auch den Ikosaeder im Halschakra, der die duale Form zu dem Dodekaeder ist – die beiden Chakren sind die beiden Selbstausdrucks-Chakren: das Sonnengeflecht ist der körperliche Selbstausdruck und das Halschakra der soziale Selbstausdruck.

Der Dodekaeder hat ein saftiges Mango-Gelb und er ist kompakt-elastisch und federnd. Er zentriert das Körpergefühl und er läßt ein gutes Gespür für das richtige Verhältnis zwischen Anstrengung und Entspannung entstehen.

VII 5. e) Kugel

Man kann eine Kugel als den Grenzwert der platonischen Körper ansehen oder auch als den vollkommenen platonischen Körper.

Die Kugel ist die regelmäßigste dreidimensionale Form. Sie entsteht in der Natur durch die gegenseitige Anziehung aller Teile eines Systems: im Großen durch die Gravitation (Sterne, Planeten, Monde) und im Kleinen durch die Farbkraft (Atomkerne).

Sie ist die Form, bei der die Oberfläche im Verhältnis zum Volumen am kleinsten ist – sie ist die dichteste Packung von Elementen. Sie ist die konzentrierteste, kompakteste, komprimierteste und introvertierteste Form. Sie hat zudem eine vollkommen gleichmäßige Oberfläche. Sie ruht in sich selber.

Die Imagination einer Kugel im Herzchakra ruft ein breites Lächeln hervor – das Honigkuchenpferd-Grinsen, das typisch für Herz-Meditationen ist. Die Herzchakra-Kugel ist eine Sonne, sie ist das „in Glück und Liebe aufglühen" des erwachenden Herzchakras, wobei dieses Glück nichts braucht und sich diese Liebe auf nichts Konkretes bezieht. Beides sind Eigenschaften des Herzchakras, beides ist die Fülle des Herzchakras, die aus der „Identiäts-Gewißheit" entsteht.

Sie erscheint als golden oder grün oder als dunkelblau.

Die Kugel ist auf einer anderen Ebene als die übrigen platonischen Körper – sie ist deren Ursprung. Sie scheint daher manchmal auch alle Formen aufzulösen. Sie bewegt sich im Brustraum leicht umher und sie vibriert schnell und leicht, was wie ein hohes Summen ist.

Sie ist die Freude und das Genießen. Sie der eigene Schatz, der eigene Geliebte, die eigene Seele.

VII 5. f) Ikosaeder

Der Ikosaeder ist ein Individuum, das die Distanz zu anderen Individuen seiner Art wahrt. Er hat einen differenzierten Selbstausdruck und strebt seine eigene Entfaltung und seine ständige Weiterentwicklung an und ist deutlich gesprächiger als die anderen platonischen Körper. Er ein großes Volumen im Verhältnis zu seinem Radius, d.h. er strebt nach viel Substanz und Besitz. Sein Bruder und Freund ist der Dodekaeder.

Er hat etwas sehr Lichtes, er hat eine angenehme Hüllen-Spannung, er ist geräumig, er gibt einen freilassenden Halt. Er ist heiter, locker, leicht und entspannt. Man fühlt sich in ihm leicht und wie beleuchtet, erleuchtet und erhellt. Man läßt das Leben fließen und nimmt es leicht und lächelt.

Der Ikosaeder wirkt auf die Haut und die Sinne.

Er wird traditionell dem Element Wasser gleichgesetzt.

Die Imagination des Ikosaeders im Halschakra bewirkt ein festes und sicheres Dastehen, ein Lächeln, eine Freundlichkeit gegenüber dem Leben und allen Wesen, es entsteht eine lichte und heitere Stimmung, eine Bereitschaft für alle Arten von Begegnungen, und eine Gewißheit, daß nur das kommen wird, was gut für einen selber ist und was man genießen kann …

Er hilft, mühelos und gelassen klare Grenzen zu setzen, sich Platz zu schaffen, er gibt Sicherheit, er hilft einfach da zu sein, nichts mehr zu erklären – Entspannung, Gelassenheit, Geruhsamkeit, Fließenlassen, Befreiung, Vorfreude …

Die Verwandtschaft des Ikosaeders mit dem Dodekaeder ist deutlich spürbar: Der Dodekaeder im Sonnengeflecht gibt dem Ikosaeder im Halschakra eine inneren Kraft, durch die man gelassen und offen für alle Kontakte dastehen kann. Der Ikosaeder bildet einen Schutz um das Halschakra herum.

Der Ikosaeder ist offenbar dafür geeignet, Kontakte zur Welt zu knüpfen und sich mit einer lächelnden Gelassenheit in der Welt zu bewegen. Er ist auch Merkur-haft und hat eine Verwandtschaft zu künstlicher Intelligenz.

Er ist rechtsdrehend und sieht aus wie ein durchsichtiges blaues Licht.

VII 5. g) Oktaeder

Der Oktaeder kann zusammen mit dem Tetraeder große raumfüllende Gemeinschaften bilden und hat mittelviele Kontakte. Sein Bruder und Freund ist der Würfel. Er wird traditionell dem Element Luft gleichgesetzt.

Er ist schweigsam und zeigt sich nur selten. Er ist ein dreifacher Dipol und hat dadurch eine klare Raumorientierung. In ihm liegt eine Ruhe, aber nicht die Stille des Tetraeders. Er unterscheidet Innen und Außen, ordnet und hat eine statische Stabilität. Er ist eine Schutzhülle, die nah am Körper ist – sozusagen ein zweite Haut.

Er hilft sich klar auszurichten. Er fördert das Hara und das Dritte Auge sowie die Leber und die Galle – hier ist der Zusammenhang zwischen beiden Bereichen (Hara/ Drittes Auge bzw. Würfel/Oktaeder) spürbar.

Die Ausrichtung im Oktagon, bei der man nach vorne auf eine Spitze schaut, fühlt sich am organischsten an. Der Oktaeder ist dann wie die Schutzhülle der Aura mit den sechs Hauptkontaktpunkten nach außen hin: die Verbindung vom Scheitelchakra nach oben (Inspiration), die Verbindung vom Wurzelchakra nach unten (Kraft, Kundalini), die Verbindung vom Herzchakra nach hinten (Unterstützung durch die Eltern), nach vorne (eigene Ziele im Leben), nach rechts zum 'heilen inneren Mann' und nach links zur 'heilen inneren Frau'.

Da ist eine gelassene Innen/Außen-Unterscheidung, für die keinerlei Anstrengung notwendig ist. Dadurch entsteht ein Lächeln der Selbstgewißheit und der Selbstsicherheit.

In einem Gefüge aus Oktaedern und Tetraedern fühlt es sich nach einem lockeren Zusammenhalt an.

Die Imagination des Oktaeders im Dritten Auge bewirkt eine große Ruhe und Gelassenheit und das Gefühl von Schutz und Sicherheit. Es entsteht eine umfassende, klare, sachliche Orientierung mit festem Realitätskontakt, durch die man den eigenen Weg deutlich sehen kann – man kann alles unverhüllt erkennen. Man wird resistent gegen die Meinungen und Urteile und auch gegen den Druck von anderen Menschen.

Der Oktaeder erscheint als durchsichtiges weißes Licht. Er fördert auch die Hellsichtigkeit.

VII 5. h) umgekehrter Tetraeder

Die Imagination des umgekehrten Tetraeders im Scheitelchakra fühlt sich an wie ein Trichter, durch den ein Wirbel von oben her in das Scheitelchakra herabströmt. Diese Imagination ruft eine Hingabe hervor, die auch die Bereitschaft ist, die Fülle anzunehmen und den Segen der Götter, die Hilfe von außen ... man muß nicht alles selber machen ...

Der Tetraeder erscheint als silbrig-metallisch leuchtend. Man will nicht mehr reden – nur noch schweigen. Es entsteht ein tiefer Frieden und die Wahrnehmung einer allem zugrundeliegenden Einheit.

VIII   Die Einordnung der Ergebnisse

Wenn man solch überraschende Forschungsergebnisse findet, dann kann man sich schon mal die Frage stellen „Warum ist das so?"

Nun kann man auf eine solche Frage ja nicht mit einer Wahrheit antworten, die alles erklärt. Diese Frage ist letztlich eine Frage, die den Wunsch nach Verstehen ausdrückt – und verstehen bedeutet ganz schlicht, daß man Zusammenhänge und Übereinstimmungen zwischen dem Neugefundenen und dem Altbekannten sieht.

Am überzeugendsten und tiefsten ist solch ein Verstehen, wenn man das Neue den grundlegenden Strukturen in dem Altbekannten zuordnen kann. Man könnte etwas vereinfacht sagen, daß sich das Gefühl von Verstehen einstellt, wenn man das Alte in dem Neuen wiederfindet – dadurch wird das Neue zu etwas Vertrautem.

Das Alte, das man in dem Neuen wiederfinden kann, sind nicht Details, sondern Strukturen. Das Verstehen fühlt sich um so tiefer an, je grundlegender die Strukturen sind, die man in dem Neuen wiedererkennt.

Was sind grundlegende Strukturen? Sie wurden schrittweise entdeckt:

> Wenn man feststellt, daß sowohl Äpfel als auch Birnen nach unten fallen, kann man wie erstmals Al-Kasini um ca. 1150 die Schwerkraft als allgemeines Prinzip ansehen: Dieses Prinzip beschreibt eine sehr große Zahl an Vorgängen auf der Erde.

> Wenn man dann wie Johannes Kepler um ca. 1600 erkennt, daß die Kraft, die Äpfel nach unten fallen läßt, dieselbe ist, die die Planeten auf ihren Bahnen bewegt, gelangt man eine Schicht tiefer und kann das Prinzip der Gravitation formulieren.

> Noch eine Ebene tiefer kommt man, wenn man wie Albert Einstein um 1905 die Gravitation als einen Aspekt der Raumzeit begreift und dabei die berühmte Formel „$E = m \cdot c^2$" entdeckt (Energie = Masse · Quadrat der Lichtgeschwindigkeit).

> Wenn man dann über das Wesen von Schwarzen Löchern nachdenkt und bemerkt, daß der Übergang von Energie zu Materie eigentlich derselbe sein müßte wie der Übergang von Materie zu einem Schwarzen Loch, findet man schließlich, daß der Faktor c^2 nicht nur Energie in Masse verwandelt, sondern auch Masse in die Substanz von Schwarzen Löchern. Diese Formel sieht etwas vereinfacht wie folgt aus: „E = Schwarzes-Loch-Substanz · … · c^4". Dieses „c^4" setzt sich aus „$c^2 \cdot c^2$" zusammen.

Noch spannender wird es, wenn man dann wie Max Planck um 1919 entdeckt, daß die Lichtgeschwindigkeit zusammen mit zwei anderen Konstanten auch die Größen von Länge, Energie und Zeit begrenzt, die noch eine sinnvolle Einheit sind – alles, was kleiner als diese drei Größen ist, ist nur noch ein Kontinuum. Die drei Formeln für diese drei „Planck-Größen" (Länge, Energie, Zeit) sind die Grundlage der Quantentheorie.

Die Forschung führt also zu immer universelleren Formulierungen der Strukturen und Dynamiken in unserer Welt. Dadurch entsteht nach und nach eine Sammlung von vier Arten von Erkenntnissen:

1. die <u>Erhaltungssätze</u>, die beschreiben, daß nirgendwo in der Welt etwas verloren geht und nirgendwo in ihr etwas aus dem Nichts heraus entsteht

2. die <u>Übersichten</u> über die kleinsten Bestandteile unserer Welt wie die vier Elementarteilchen up-Quark, down-Quark, Elektron und Neutrino, aus denen alle Dinge bestehen

3. die <u>Formeln</u>, die Zusammenhänge und Abläufe beschreiben wie z.B. die berühmte Formel „$E = m \cdot c^2$"

4. die grundlegende <u>Konstanten</u>, die z.B. die Größe der Gravitation („G"), die Lichtgeschwindigkeit („c") und die Grenze zum Kontinuum der Quantentheorie („$\hbar$") beschreiben

Die <u>Erhaltungssätze</u> sind im Erkenntnisvorgang offensichtlich noch einmal eine Schicht tiefer gelangt, da sie keinen einzelnen Vorgang mehr beschreiben, sondern Prinzipien sind, nach denen die Formeln, die man in der Natur finden kann, konstruiert sind. Die Erhaltungssätze sind die Grundlagen für die Abläufe in der Natur.

Durch die Erhaltungssätze kann man – bildlich gesprochen – ein wenig davon erahnen, was Gott sich dabei gedacht hat, als er die Welt erschaffen hat. Diese Erhaltungssätze sind eine der Leitlinien, die er beim Entwerfen der Naturgesetze immer mitberücksichtigt hat und die immer auf einem Spickzettel neben ihm auf seinem Schreibtisch gelegen haben.

Durch diese Erhaltungssätze ist unsere Welt stabil und beständig – ohne sie würde es nur ein völliges Chaos geben. Die Erhaltungssätze sind also nicht willkürlich.

Die <u>Konstanten</u> geben die grundlegenden Größen in unserer Welt an – sie sind sozusagen die Eichmaße, an denen sich alles orientiert, damit es auch zusammenpaßt.

Die <u>Übersichten</u> zeigen schließlich, daß die Welt auf eine systematische Art und Weise aus einer kleinen Gruppe von „Bausteinen" aufgebaut ist.

Aus diesen drei Grundlagen (Erhaltungssätze, Konstanten, Übersichten) ergeben sich dann die konkreten Formeln.

Doch die Forschung ist an dieser Stelle noch nicht zuende, denn es gibt ja noch andere, „nicht-naturwissenschaftliche" Wissensbereiche wie z.B. die Astrologie oder den kabbalistische Lebensbaum, deren Funktionieren und deren Richtigkeit man ebenfalls überprüfen kann.

Dabei stellt sich heraus, daß es auch in diesem Bereich grundlegende Prinzipien gibt:

Man findet z.B. immer wieder die Dreier-Folge „Impuls – Struktur – Kontakt": Ein Zentrum sendet einen Impuls nach außen, der dann auf die Welt trifft und dort eine Form bildet und mithilfe dieser Form Kontakt zu der Welt erhält. Dieser Dreischritt findet sich z.B. in den drei Dynamiken im Tierkreis, bei den beiden Dreigruppen der äußeren Chakren und als die drei Dreiergruppen auf dem kabbalistischen Lebensbaum:

- Tierkreis:
    - kardinale Zeichen – fixe Zeichen – bewegliche Zeichen;

- Chakren:
    - Sonnengeflecht – Hara – Wurzelchakra
    - Halschakra – Drittes Auge – Scheitelchakra

- Lebensbaum:
    - Chokmah – Binah – Da'ath
    - Chesed – Geburah – Tiphareth
    - Netzach – Hod – Yesod

Es gibt auch eine Vierer-Aufteilung, die im Gegensatz zu der dynamischen Dreigruppe jedoch statisch ist. Am bekanntesten ist sie als die vier Elemente Feuer, Wasser, Luft und Erde, die sich u.a. in dem astrologischen Tierkreis finden.

Wenn man das dynamische Prinzip der „3" mit dem statischen Prinzip der „4" kombiniert, erhält man den 12-teiligen Tierkreis (3·4=12), der eine Bewegung (dynamisch) in einer festen Form (statisch) ist.

Aus der Stellung der 12 Tierkreiszeichen zueinander kann man sieben verschiedene Winkel ableiten, die dann in der Astrologie als die sieben

Aspekte erscheinen (0°, 30°, 60°, 90°, 120°, 150° und 180°). Jeder dieser sieben Winkel hat eine ganz bestimmte und klar definierte Qualität.

Hier scheint es nun zwei verschiedene Forschungs- und Erkenntniswege zu geben, die zu verschiedenen Ergebnissen führen – die Naturwissenschaften und die Magie/ Astrologie. Doch das ist nur auf den ersten Blick so.

Die Naturwissenschaften betrachten zeitliche Abläufe, während die Astrologie und ähnliche Wissenschaften Geichzeitigkeiten betrachten wie z.B. den Zusammenhang zwischen dem Charakter eines Menschen und dem Stand der Planeten zum Zeitpunkt seiner Geburt.

Bei genauerer Betrachtung wird deutlich, daß beide lediglich von verschiedenen Standpunkten aus dieselbe Welt betrachten – aber dabei dieselben grundlegenden Strukturen erblicken:

Die vier Elemente der Astrologie finden sich in der Physik als die vier grundlegenden Bausteine der Welt wieder – als up-Quark, down-Quark, Elektron und Neutrino.

In etwas einfacherer Weise finden sich die vier Elemente auch als die vier Aggregatzustände: fest, flüssig, gasförmig und plasmaförmig.

Die drei Dynamiken der Astrologie finden sich in der Physik als die drei Größen wieder, in denen die vier Grundbausteine (up-Quark, down-Quark, Elektron, Neutrino) erscheinen können.

Der zwölfgeteilte Tierkreis findet sich in der Physik nicht nur als die zwölf Varianten der vier Elementarteilchen wieder, sondern auch konkret als zwölfgeteilter Kreis: Der Superstring, der die mathematische Beschreibung aller Elementarteilchen ist, ist ein zwölfgeteilter Kreis.

Die elf Bereiche des kabbalistischen Lebensbaumes finden sich in der Physik mit genau denselben Eigenschaften in der Form das elfdimensionalen mathematischen Modells der Superstringtheorie wieder.

Diese elf Bereiche ergeben sich wie folgt:

- Einheit
- Einheit – Entwicklung – Vielheit
- Einheit – Entwicklungsschritt 1, 2, 3 – Vielheit
- Einheit – Schritt 1a, 1b, 1c; 2a, 2b, 2c; 3a, 3b, 3c – Vielheit

Schließlich haben auch noch die Winkel in der Physik dieselben Qualitäten wie in der Astrologie oder auch in den Kristallgittern bei der Steinheilkunde.

Durch diesen vergleichenden Blick aus zwei verschiedenen Richtungen kommt man „Gottes Spickzettel", auf dem er die Grundprinzipien notiert hat, nach denen er diese Welt konstruiert hat, schon ein Stückchen näher. Offenbar spielen dabei die Dynamik der „3" und die Struktur der „4" sowie der sich daraus ergebende Kreis der „12" sowie die Winkel-Qualitäten, die sich daraus ableiten lassen, eine zentrale Rolle.

Dann gibt es noch eine grundlegende Struktur, die sich durch die Zahl „2" beschreiben läßt: das Bewußtsein und die Materie. Die einfachste Definition dieser beiden Hälften der Welt ist die Auffassung der Materie als die Außenseite der Welt und die Auffassung des Bewußtseins als der Innenseite der Welt. Beide sind nichts grundlegend Verschiedenes oder gar Unvereinbares oder sogar Widersprüchliches, sondern nur zwei Seiten desselben Dings – wie die beiden Seiten eines Blatts Papier. Die Bewegung der einen Seite (Bewußtsein) entspricht immer auch der Bewegung auf der anderen Seite (Materie).

Wenn man mithilfe der materiellen Seite handelt, ist das eine normale physische Handlung; wenn man mithilfe der Bewußtseinsseite handelt, ist das Telepathie und Telekinese, also eine magische Handlung.

Vor diesem Hintergrund kann man nun die Zuordnung der platonischen Körper zu den Chakren betrachten:

> Die Chakren haben ein Zentrum (Herzchakra), das in drei Schritten nach zwei Richtungen hin ausstrahlt.
> Auf der einen Seite ist der körperliche Bereich (die drei unteren Chakren) und auf der anderen Seite ist der soziale Bereich (die drei oberen Chakren).
> Die drei Schritte sind von innen nach außen hin der Dreischritt „Selbstausdruck – Form – Kontakt".
> Es gibt also drei Paare von Chakren.

> Die platonischen Körper haben ein Zentrum (Kugel), das in drei Schritten nach zwei Richtungen hin ausstrahlt.
> Auf der einen Seite ist die Vermehrung der Anzahl der Ecken und auf der anderen Seite ist die Vermehrung der Flächen, die sich an einer Ecke treffen.
> Die drei Schritte sind von innen nach außen hin der Dreischritt „Selbstausdruck – Form – Kontakt".
> Es gibt also drei Paare von platonischen Körpern („Dualität").

Diese vollkommene Übereinstimmung des Aufbaus der Struktur der sieben Chakren und der sieben platonischen Körper (die fünf klassischen platonischen Körper plus der umgekehrte Tetraeder und die Kugel) machen es unvermeidbar, daß sie in einer

152

Analogie zueinander stehen und folglich auch aufeinander wirken.

Da die platonischen Körper eine vollkommen regelmäßige Form haben, müssen sie ein Idealbild sein, also ein „heiler Zustand". Daraus ergibt sich, daß diese Idealbilder auch als „Heilmittel" für die Chakren wirken.

Soweit entspricht dieser Zusammenhang dem, was man aus einem umfassenden naturwissenschaftlich-magischen Weltbild erwarten sollte. Der Zusammenhang ist eine einfache Analogiewirkung.

Doch warum gibt es eigentlich gerade fünf platonische Körper bzw. in der erweiterten Betrachtung sieben platonische Körper? Nunja – offenbar, weil Gott bei allem, was er konstruiert hat, nicht den Blick auf seinen Spickzettel mit den Grundprinzipien vergessen hat.

Von einem etwas menschlicheren Standpunkt aus betrachtet, kann man feststellen, daß es in einer dreidimensionalen Welt eben genau diese fünf bzw. sieben platonischen Körper gibt. In einer zweidimensionalen Welt gibt es nur die drei „platonischen Flächen" und in einer vierdimensionalen Welt gibt es sechs platonische Körper.

Man hat den Eindruck, also ob die drei Raumdimensionen etwas mit der Anzahl der möglichen platonischen Körper zu tun hätten. Daß die Anzahl der platonischen Körper von den Raumdimensionen abhängt, ist natürlich offensichtlich, aber möglicherweise gibt es da noch einen tieferen Zusammenhang, der nicht nur mit der Zahl „3", sondern mit der Qualität der Zahl „3" zu tun hat, die ja auch die drei Paare der Chakren bzw. der platonischen Körper prägt.

Hier wäre ein Blick auf Gottes Spickzettel ganz hilfreich …

Bücher von Harry Eilenstein

„Magie für Anfänger"	Magie
- Telepathie für Anfänger (60 S.)	- Handbuch für Zauberlehrlinge (408 S.)
- Telepathie für Fortgeschrittene (52 S.)	- Tarot (104 S.)
- Telekinese für Anfänger (52 S.)	- Physik und Magie (184 S.)
- Lebenskraft für Anfänger (60 S.)	- Die Magie-Formel (156 S.)
- Meditation für Anfänger (56 S.)	- Krafttiere – Tiergöttinnen – Tiertänze (112 S.)
- Hypnose für Anfänger (56 S.)	- Schwitzhütten (524 S.)
- Auto-Movement für Anfänger (56 S.)	**Meditation**
- Chakra-Magie für Anfänger (148 S.)	
- Astralreisen für Anfänger (56 S.)	- Der Lebenskraftkörper (230 S.)
- Astrologie für Anfänger (120 S.)	- Die Chakren (100 S.)
- Ritual-Magie für Anfänger (56 S.)	- Das Chakren-System mit den Nebenchakren (296 S.)
- Mandalas für Anfänger (68 S.)	- Organe und Chakren (64 S.)
- Geldzauber für Anfänger (56 S.)	- Die platonischen Körper in den Chakren (156 S.)
- Liebeszauber für Anfänger (52 S.)	- Meditation (140 S.)
- Invokationen für Anfänger (52 S.)	- Drachenfeuer (124 S.)
- Evokationen für Anfänger (60 S.)	- Reinkarnation (156 S.)
- Elfen für Anfänger (56 S.)	- einsgerichtet (140 S.)
- Magie-Forschung für Anfänger (140 S.)	**Astrologie**
- Selbsterkenntnis für Anfänger (52 S.)	
- Zahlensymbolik für Anfänger (60 S.)	- Astrologie (496 S.)
- Die Sprache des Mondes – für Anfänger (116 S.)	- Photo-Astrologie (428 S.)
- Zaubergesänge für Anfänger (100 S.)	- Die astrologischen Aspekte (88 S.)
- Zukunftschau für Anfänger (60 S.)	- Horoskop und Seele (120 S.)
- Schamanismus für Anfänger (52 S.)	**Kabbala**
- Magische Gegenstände für Anfänger (68 S.)	
- Astralreisen für Anfänger (56 S.)	- Kursus der praktischen Kabbala (150 S.)
- Da'ath-Magie für Anfänger (64 S.)	- Eltern der Erde (450 S.)
- Feng Shui für Anfänger (96 S.)	- Blüten des Lebensbaumes:
- Magie für Anfänger – Sammelband I (696 S.)	- Die Struktur des kabbalistischen Lebensbaumes (370 S.)
- Magie für Anfänger – Sammelband II (664 S.)	- Der kabbalistische Lebensbaum als Forschungshilfsmittel (580 S.)
	- Der kabbalistische Lebensbaum als spirituelle Landkarte (520 S.)

Bücher von Harry Eilenstein

Religion allgemein

- Die sieben Schritte des Lebens (428 S.)
- Muttergöttin und Schamanen (168 S.)
- Göbekli Tepe (472 S.)
- Die Göttin von Göbekli Tepe (144 S.)
- Totempfähle (440 S.)
- Christus (60 S.)
- Dakini (80 S.)
- Vajra (76 S.)

Ägypten

- Hathor und Re 1: Götter und Mythen im Alten Ägypten (432 S.)
- Hathor und Re 2: Die altägyptische Religion – Ursprünge, Kult und Magie (396 S.)
- Isis (508 S.)

Indogermanen

- Die Entwicklung der indogermanischen Religionen (700 S.)
- Wurzeln und Zweige der indogermanischen Religion (224 S.)

Germanen

- Die Götter der Germanen (87 Bände)
- Odin (300 S.)

Kelten

- Cernunnos (690 S.)
- Taliesin (228 S.)
- Der Kessel von Gundestrup (220 S.)
- Der Chiemsee-Kessel (76)

Psychologie

- Über die Freude (100 S.)
- Das Geheimnis des inneren Friedens (252 S.)
- Das Beziehungsmandala (52 S.)
- Gefühle und ihre Verwandlungen (404 S.)
- einsgerichtet (140 S.)
- Liebe und Eigenständigkeit (216 S.)
- Von innerer Fülle zu äußerem Gedeihen (52 S.)

Heilung

- Die Symbolik der Krankheiten (76 S.)

Kunst

- Herz des Tanzes – Tanz des Herzens (160 S.)

Drama

- König Athelstan (104 S.)

Die Themen der 87 Bände der Reihe „Die Götter der Germanen"

1. Die Entwicklung der germanischen Religion	44. Die Symbolik der Wassertiere und sonstigen Tiere
2. Lexikon der germanischen Religion	45. Die Symbolik der Pflanzen
3. Der ursprüngliche Göttervater Tyr	46. Die Symbolik der Farben
4. Tyr in der Unterwelt: der Schmied Wieland	47. Die Symbolik der Zahlen
5. Tyr in der Unterwelt: der Riesenkönig Teil 1	48. Die Symbolik von Sonne, Mond und Sternen
6. Tyr in der Unterwelt: der Riesenkönig Teil 2	49.a Das Jenseits I – Das Hügelgrab
7. Tyr in der Unterwelt: der Zwergenkönig	49.b Das Jenseits II – Der Jenseitsweg
8. Der Himmelswächter Heimdall	50. Seelenvogel, Utiseta und Einweihung
9. Der Sommergott Baldur	51. Wiederzeugung und Wiedergeburt
10. Der Meeresgott: Ägir, Hler und Njörd	52. Elemente der Kosmologie
11. Der Eibengott Ullr	53. Der Weltenbaum
12. Die Zwillingsgötter Alcis	54. Die Symbolik der Himmelsrichtungen und der Jahreszeiten
13. Der neue Göttervater Odin Teil 1	55.a Mythologische Motive I
14. Der neue Göttervater Odin Teil 2	55.b Mythologische Motive II
15. Der Fruchtbarkeitsgott Freyr	56. Der Tempel
16. Der Chaos-Gott Loki	57. Die Einrichtung des Tempels
17. Der Donnergott Thor	58. Priesterin – Seherin – Zauberin – Hexe
18. Der Priestergott Hönir	59. Priester – Seher – Zauberer
19. Die Göttersöhne	60. Rituelle Kleidung und Schmuck
20. Die unbekannteren Götter	61. Skalden und Skaldinnen
21. Die Göttermutter Frigg	62 Kriegerinnen und Ekstase-Krieger
22. Die Liebesgöttin: Freya und Menglöd	63. Die Symbolik der Körperteile
23. Die Erdgöttinnen	64.a Magie und Ritual I
24. Die Korngöttin Sif	64.b Magie und Ritual II
25. Die Apfel-Göttin Idun	64.c Magie und Ritual III
26. Die Hügelgrab-Jenseitsgöttin Hel	65. Gestaltwandlungen
27. Die Meeres-Jenseitsgöttin Ran	66.a Magische Angriffs-Waffen
28. Die unbekannteren Jenseitsgöttinnen	66.b Magische Verteidigungs-Waffen
29. Die unbekannteren Göttinnen	67. Magische Werkzeuge und Gegenstände
30. Die Nornen	68. Zaubersprüche
31. Die Walküren	69. Göttermet
32. Die Zwerge	70. Zaubertränke
33. Der Urriese Ymir	71. Träume, Omen und Orakel
34. Die Riesen	72. Runen
35. Die Riesinnen	73. Sozial-religiöse Rituale
36. Mythologische Wesen	74. Weisheiten und Sprichworte
37. Mythologische Priester und Priesterinnen	75. Kenningar
38. Sigurd/Siegfried	76. Rätsel
39. Helden und Göttersöhne	77. Die vollständige Edda des Snorri Sturluson
40. Die Symbolik der Vögel und Insekten	78. Frühe Skaldenlieder
41. Die Symbolik der Schlangen, Drachen und Ungeheuer	79.a Mythologische Sagas I
42.a Die Symbolik der Herdentiere I	79.b Mythologische Sagas II
42.b Die Symbolik der Herdentiere II	80. Hymnen an die germanischen Götter
43. Die Symbolik der Raubtiere	